AF348591

Mit der

MS Lofoten

entlang der norwegischen Küste:

Reisetagebuch und Reiseführer
für die Hurtigrute!

Wir haben schon viele Kreuzfahrten gemacht, aber die Hurtigrute mit der MS Lofoten sollte ganz anders werden: keine weitere Kreuzfahrt, sondern eine echte Seereise!

Nach kurzer Überlegung entschieden wir uns, die Anreise nach Bergen mit dem Auto zu unternehmen. Wenn Sie ausreichend Zeit haben - 2 Tage vor und 2 Tage nach der Postschiffreise - dann wagen Sie es!! Es wird wie eine zweite Reise sein, denn die Strecke geht über den Hardangernationalpark oder das Haukelifjell und Sie erleben eine komplett andere Seite Norwegens als auf dem Postschiff. Man braust nicht in 6 Stunden runter, wie nach Italien. Es gibt keine Autobahn, und angesichts der überwältigenden Natur reist man langsam. Schaut. Staunt. Fotografiert. Verweilt ein bisschen. Und das eigentlich alle paar Kilometer!

Zuerst wollte ich einen Reiseführer über die Hurtigrute schreiben, hatte im Vorfeld in Deutschland schon große Teile dafür recherchiert. Doch als die Reise begann, merkte ich, wie viele Eindrücke und Erlebnisse auf einen einstürmen, so dass ich für mich einen persönlichen Reisebericht zu verfassen begann. Um alle Momente festzuhalten — in Wort und in Bild. Speziell für die "MS Lofoten", denn dieses Schiff ist speziell. Anders als die anderen Hurtigrutenschiffe. Doch die Reise, die Landschaft und die 34 Häfen bleiben gleich, so dass Sie bestimmt auch als Passagier der „Finnmarken", der „NordNorge" oder der „Midnatsol" & Co an dem Buch Gefallen finden werden.

Ich war hin und her gerissen, wie mein neues Buch nun werden sollte und ich wage nun den Sprung ins kalte Wasser: es wird ein Reisebericht und ein Reiseführer in einem! Ich hoffe, damit Ihr Interesse zu wecken, Ihnen eine Hilfestellung zu Ihrer eigenen Reise zu geben und auch dem wundervollen und einmaligen Land Norwegen gerecht zu werden.

Während der Reise erfuhr ich am Rande viele winzige Details, die ich für Sie in der Rubrik „Wussten Sie, dass..." angefügt habe. Den Großteil davon wusste ich VOR der Reise nicht! Und grundlegendes Wissen über Norge darf natürlich auch nicht fehlen!

Viel Spaß und viele erholsame Stunden mit diesem Buch und auf Ihrer Hurtigrutenreise!

Ihre

Estrella Maris

Inhaltsverzeichnis

Die MS Lofoten

Als erstes möchte ich Ihnen eine kleine Beschreibung des wunderschönen traditionellen Postschiffes MS Lofoten geben, mit dem wir unsere Reise unternommen haben:

MS Lofoten

Baujahr: 1964

Länge: 87 m

Passagiere: 400

Betten: 155

Klasse: traditionell

Fahrzeugtransport: nicht möglich!

Der Spitzname der MS Lofoten ist „**alte Lady**", da sie das einzige verbliebene traditionelle Postschiff im Linienverkehr der Hurtigrutenflotte ist. Trotz der vielen Jahre, die sie bereits auf dem Buckel hat, ist sie eines der schönsten Schiffe. In fast familiärer Umgebung kann man hier in aller Ruhe die grandiose Landschaft der norwegischen Küste erleben. Die MS Lofoten wurde bereits einige Male renoviert, aber trotz allem muss man in der Ausstattung einige Abstriche machen. Die 5 Decks sind sehr überschaubar, garantieren aber eine stressfreie und ruhige Seereise.

Bei **Deck 1 und 2** handelt es sich ausschließlich um **Kabinendecks**.

Auf **Deck 3** finden Sie zusätzlich zu den Kabinen noch die **Rezeption** und eine winzige **Lobby**. An der Rezeption erhalten Sie Ihr Tagesprogramm, einen Decksplan, die aktuelle Wetterprognose des

nächsten Tages und die kostenlosen Stadtpläne! Zudem ist immer ein deutschsprechender Mitarbeiter vor Ort, meist sogar der Reiseleiter. Außerdem können hier Fahrräder und Koffer der Individual-Tagesgäste in Regalen verstaut werden.

Auf **Deck 4** warten auf Sie das **Restaurant**, ein **Café** (mit Shop), eine **Bar** und der **blaue Rauchersalon** (in dem aber bei unserer Reise nicht geraucht wurde!). Am Heck befindet sich auf Deck 4 das untere Sonnendeck, das zu einem (fast umlaufendem) Außendeck mündet. Nur in der Höhe des Restaurants müssen Sie auf ein anderes Deck mittels Außentreppen ausweichen. Auf diesem Deck checkt man meist aus, in einigen Fällen jedoch auch

bei der Rezeption auf Deck 3. Die MS Lofoten ist nämlich das einzige Schiff der Hurtigrute, das backbord oder steuerbord anlegen kann

– alle anderen Hurtigrutenschiffe müssen mit der backbord-Seite (portside, links) am Kai festmachen. Aber keine Angst: man kann den „Ausgang" nicht übersehen... Eine eigene Gangway besitzt die MS Lofoten jedoch nicht: während die restlichen Hurtigrutenschiffe eine elektrische Laderampe und Gangway ausfahren, kurvt bei der MS Lofoten in jedem Hafen ein Gabelstapler heran, der eine schmale Gitter- Gangway an Deck 3 oder 4 andockt.

Möchten Sie die wunderbaren norwegischen Fjorde an der frischen Luft genießen, so sind Sie auf dem Außendeck auf Deck 5 richtig. Gerade am Heck ist hier ein toller **windgeschützter Sonnenbereich**, der aber der Erfahrung nach immer sehr schnell „belegt" ist.

Ein kleiner Glaswintergarten schützt hier nämlich vor der zugigen norwegischen Luft! Im Bug-Bereich von Deck 5 befindet sich der **rote Salon**: von hier aus hat man bei ungemütlichem oder windigem Wetter den allerbesten Ausblick. Auch auf die Laderampe und den Tätigkeiten der Crew. Entsprechend begehrt sind die Plätze. Auch bei Rucksacktouristen zum Schlafen...

Vor dem roten Salon ist an der Wand ein Monitor angebracht, der dem Passagier 24 Stunden auf einer Seekarte die exakte Position des Schiffes und die angepeilte Route verrät.

Aber: die Lofoten ist eines der wenigen Hurtigrutenschiffe

ohne Aufzug! Da sich das Schiff nur über 5 Decks erstreckt – und die Räume wirklich SEHR niedrig sind – ist dies höchstens für einen Rollstuhlfahrer ein Problem.
Einige Kabinen verfügen zudem nicht über eigene Duschen und WC`s (Deck 1), man muss eine Gemeinschaftseinrichtung auf dem Gang benutzen.

Die komplette Einrichtung ist dominiert von Holz und Messing und deutlich in den 60er Jahren anzusiedeln, aber die letzte Restauration fand im Jahr 2003 statt. Die Sauberkeit auf dem Schiff und die Freundlichkeit des Personals sind jedoch unübertroffen, so dass man ruhig eine Fahrt mit der *alten Lady* in Erwägung ziehen kann. Wünscht man jedoch allen erdenklichen Luxus und Partyprogramm muss man sich sowieso den großen Kreuzfahrtschiffen zuwenden.

Als einziges Hurtigrutenschiff im Linienverkehr nimmt die MS Lofoten keine Autos mit!

Entgegen oft anders lautenden Aussagen verfügt die MS Lofoten aber sehr wohl über WLAN. Man kann sich jederzeit gratis in das „Hurigrutennetz" ohne weitere Angaben einloggen und gratis surfen!

Im Sommer 2007 befuhr die MS Lofoten die Gewässer um Svalbard, seit Januar 2008 ist die *alte Lady* wieder im offiziellen Liniendienst. Sie ist übrigens auf der ganzen Welt das Schiff, das am öftesten den Polarkreis überquert hat. Zudem feierte sie im Juli 2015 ihr „Motor-Jubiläum": die MS Lofoten hat auf ihren Seereisen in den letzten 51 Jahren sage und schreibe 4 Millionen nautische Meilen zurückgelegt (= 7,4 Mio. Kilometer)! Ihr Motor ist aber auch auf keinem Deck zu überhören: laut vibrierend nimmt jeder Passagier das Herz der MS Lofoten wahr, denn die „alte Lady" besitzt keinen modernen Diesel-elektrik-Motor, sondern einen klassischen Dieselantrieb mit Welle…

Herausragende Leistungen für ein Schiff – als „Belohnung" steht die MS Lofoten seit 30.05.2001 unter Denkmalschutz!

2. Die schönste Seereise der Welt:

Reisetagebuch und Reiseführer

in einem!

In meinen anderen Reiseführern binde ich stets Stadtpläne zur groben Orientierung mit ein, da nicht jeder im Ausland ein Smartphone mit Internet bei sich hat. In diesem Fall habe ich jedoch darauf verzichtet, da die Hurtigrute **gratis** hervorragende großformatige Stadtpläne am Vorabend des Landganges an der Rezeption ausliegen hat. Alle Sehenswürdigkeiten, Touristinfos und auch manche Busverbindungen sind eingezeichnet. Holen Sie sich diese Pläne!

Anreise nach Hirtshals, Dänemark

Früh morgens um 7 Uhr war die Abfahrt geplant, doch tatsächlich kamen wir erst um 10 Uhr los – tanken, Reiseproviant einkaufen und Koffer beladen zogen sich enorm in die Länge.
Innerhalb Deutschlands verlief die Fahrt recht eintönig, aber was will man von der Autobahn schon erwarten?? Aber in 7 Stunden nach Hamburg - incl. kleinerer Pausen - bessert den verkorksten Zeitplan wieder auf. Und das, obwohl das Navi ausgerechnet jetzt streikt! Aber nach Hamburg findet man auch noch so, vor allem wenn man sich die Strecke vorher mal angeschaut hat. Wir stammen ja noch aus einer Generation, die Landkarten lesen kann. Doch prompt erwischen wir das falsche Autobahnkreuz und landen mitten in der City. Vorbei an der Alster, bei der im strahlenden Sonnenschein mächtig was los ist, springt unser Navi urplötzlich wieder an. Aber Hamburg ist ein bestens geeigneter Ort für eine erste große Pause!

Für 3 Tage waren die Vorräte, die wir uns morgens gekauft haben, doch ein wenig gering. Vor allem die Kinder haben während dem DVD-schauen auf der Fahrt schon jede Menge gefuttert. Ein erneuter Einkauf steht an, den wir in einer schönen Einkaufsstraße mitten in Hamburg tätigen. Die kleine Innenstadt-Edeka überrascht mit einem sehr umfangreichen Salatbuffet, an dem man sich den Salat selbst zusammenstellen kann. Das tun auch alle mit Begeisterung, so dass wir uns bald über 4 große Dosen Salat hermachen. Glücklicherweise entscheidet sich das Navi nach unserer Pause abermals, uns zu helfen und lotst uns durch das Zentrum. Die weitere Fahrt nach Hirtshals verläuft ereignislos auf der Autobahn – von ein paar Sichtungen von Kühen und Rehen durch die Kinder – mal abgesehen. Auf einem modernen Parkplatz in Dänemark machten wir nochmals Rast, so dass die Kinder sich auf einem tollen Klettergerüst für Große austoben konnten. Erschöpft stellten wir um 1 Uhr den Motor vor dem Fjordline-Komplex auf einem Wohnmobilparkplatz ab. Hier wird morgen früh um 9 Uhr unsere Fähre nach Norwegen starten. Alle schlummern schnell ein – oder weiter.

Fähre Bergensfjord +

Hardangervidda

Bereits mit den ersten Morgenstrahlen wache ich auf und stelle mit Erstaunen fest, dass wir in unmittelbarer Nähe zum Meer geparkt haben! Das war uns im Dunkel der Nacht völlig entgangen... Der Sonnenaufgang ist herrlich – auch wenn der "Strand" sich als gigantische Baustelle für das neue Terminal herausstellt und der weiße Sand statt mit Liegestühlen mit Baggern und schwerem Baugerät bestückt ist. Der Parkplatz ist bis auf den letzten Stellplatz mit Wohnmobilen zugepflastert, einige wenige Autos mit schlafenden Insassen haben sich dazwischen gemogelt. Nach einem kurzen Frühstück – bestehend aus Brot und den letzten Resten der Makrelencreme aus Hamburg – fahren wir zum Check-In, vor dem sich

schon eine Schlange gebildet hat. Wegen der trögen Warterei sind jedoch fast die Hälfte der wartenden Fahrer wieder eingeschlafen – schließlich ist es ja erst 6 Uhr morgens und die meisten Reisenden waren die Nacht über wohl durchgefahren. Wir

können so an etlichen "schlafenden" Autos vorbeifahren und kommen wirklich zügig dran. Kurz darauf stehen wir in Linie 1 an fünfter Stelle! Klasse – fast ganz vorne – da werden wir wohl für das Ausschiffen nicht viel Zeit brauchen!

Leider sind wir ja wirklich noch *sehr* früh dran, so dass 2 Stunden Warterei bis zum Befahren der Fähre an den Nerven zerrt. Zumindest verschafft es mir ein wenig Bewegung, indem ich am Anleger auf und ab wandere.
Die Fähre selbst entpuppt sich als ein halbes Kreuzfahrtschiff, zählt die "Bergensfjord" doch zu den "Cruise-Fähren" von Fjordline. Restaurants, Lounges und ein Shop erinnern stark an ein Kreuzfahrtschiff – vor allem gegenüber den "alten Pötten" im Fährverkehr aus den 90ern.
Auf der Fähre ergattern wir eine schöne Sitzgruppe mit Tisch, so dass wir uns die Zeit mit Karten spielen vertreiben können. Ein paar Mal drehen wir eine Runde übers Schiff und staunen: einige Reisende haben sich mit Isomatte und Schlafsack einfach aufs Sonnendeck gelegt und schlafen tief und fest, andere sitzen irgendwo auf dem Boden herum. Auch wenn das Schiff einem Kreuzfahrtschiff ähnelt – die Passagiere sind aber offensichtlich grundverschieden!!! Die angebotenen Kabinen, Suiten und Schlafsessel werden kaum bis gar nicht genutzt. Wohl auch zu teuer für 4 Stunden Überfahrt nach Norwegen...

Voller Vorfreude stürmen wir gegen Ende der Überfahrt auf das Autodeck, denn wir stehen mit unserem Auto ja ganz vorne! Was für eine Enttäuschung, als wir bemerken, dass alle Autos im Inneren des Schiffsbauches im Kreis herum geleitet werden. Leider darf unsere Spur sehr spät starten, so dass wir de facto fast als Letzte von Bord kommen. Dafür werden wir von strahlendem Sonnenschein erwartet, obwohl es laut Deutschem Wetterdienst regnen sollte.

Willkommen im sonnigen und warmen Norwegen!

Eine Seite, die wir an diesem Land kaum kennen. Und unsere Kinder offensichtlich auch nicht kennen lernen wollen, denn sie schauen – für uns vollkommen unverständlich – auf der Rückbank immer

noch DVDs. Mich selbst reut es bereits um die Eindrücke, die ich durch das tippen hier verpasse!!!

Knappe hundert Kilometer weiter durch eine grüne Hügellandschaft statten wir der **Stabskirche** in **Heddal** bei strahlendem Sonnenschein einen Besuch ab. Sie ist die größte Stabskirche in ganz Norwegen! Um sie herum liegt ein großer Friedhof – über den natürlich Scharen von Touristen pietätlos drüber latschen... Und tatsächlich beeindruckt dieses Holzbauwerk aus dem 13. Jahrhundert mit tollen Schnitzereien und den vielen Pagodendächern. Leider hat auch hier der Kommerz Einzug gehalten, denn der Besuch der Kirche kostet Eintritt. Wir verzichten darauf und fahren weiter gen Norden.

Nach einigen Kilometern entdecken wir einen kleinen Fluss, der sich über eine atemberaubende Schieferterrasse schlängelt. Die Fels-

formationen schauen aus wie von Meisterhand abgesägt. Wäre prima zum Baden – aber bestimmt auch supergefährlich. Ein Himbeergestrüpp säumt unseren Weg und wird als zweites Abendbrot gnadenlos geplündert.

Die Straße ist voller "Achtung-Elch-Schilder", leider lässt sich aber keines dieser riesigen Tiere blicken. Obwohl jetzt am Abend bestimmt die perfekte Zeit ist, Elche beim äsen zu beobachten. Schade!

Je näher wir der 1000 Meter hohen **Hardangervidda** kommen, desto mehr Wolken kommen auf.

Wir wollen auf jeden Fall noch unser Tagesziel Geilo erreichen, denn hier beginnt die Hardangervidda-Landschaftsroute, die wir morgen fahren wollen. Nach einem kurzen Tank-Stopp – denn auf der Hardangervidda gibt es bestimmt keine Tanke – beginnen wir doch noch heute mit diesem Streckenabschnitt. In Serpentinen windet sich die Straße hinauf auf das Hochplateau der Hardangervidda. Als wir einen Schneekettenanlegeplatz passieren, fängt es an zu regnen und der schöne warme Sommertag klingt sehr ungemütlich aus. Es wird bitterkalt, und oben auf den umliegenden Bergen sieht man sogar noch

vereinzelte Schneefelder! Dabei wollten wir heute zelten...

Doch die Landschaft ist einfach sagenhaft und zeigt große Ähnlichkeit mit dem kargen Norden Norwegens. Bald sind wir oberhalb der Baumgrenze, nur noch Flechten und blankes Gestein säumen die

Ufer der allgegenwärtigen Seen. Trotz des schlechten Wetters zieht uns die Landschaft in ihren Bann, denn gerade die wilde Mischung aus dunklen geballten Regenwolken und kleinen Sonnenfenstern im Wolkenhimmel unterstützt den wilden Charakter dieser spärlichen Landschaft. Meinten die Kinder in Langesund noch gelangweilt *na ja, hier sieht es ja auch so aus wie in Deutschland...*, bemerken sie nun zwischen einem DVD-Wechsel doch diese traumhaft andersartige Natur. Alle paar Kilometer machen wir einen Halt, um unglaubliche Fotos zu schießen oder irgendetwas Interessantes anzusehen, z.B. die traditionellen, grasbewachsenen Erd-Hütten. Wir sind hier jedoch wahrlich nicht alleine, denn viele Wohnmobile stehen verstreut entlang der Straße der Hardangervidda-Landschaftsroute und aus den Schornsteinen der Hütten steigt oft Rauch auf. Wir fragen uns immer wieder, wie die Leute hier in dieser kargen Landschaft ohne Strom- und Wasseranschluss ihren Urlaub verbringen, denn mehr als "wandern" kann man hier nicht. Die Gäste suchen wohl Einsamkeit und Ruhe – und bekommen unzweifelhaft eisige Kälte mit obendrauf.

Jetzt nach 22 Uhr fährt kaum noch jemand auf der Straße, so dass wir schön langsam dahinzuckeln und die fantastische Landschaft genießen können, ohne vom Hintermann "gedrängelt" zu werden. Es gibt nach allen Seiten so viele Wunder zu entdecken – man kann gar nicht langsam genug fahren!

Bei einem reißenden Gebirgsfluss finden wir – bei einem der unzähligen Foto-Stopps – eine halb fertiggestellte und weitgehend bereits überdachte Scheune am Straßenrand. Wir sind uns nicht einig, ob wir sofort mit Isomatten und Schlafsäcken darin ein Nachtlager aufschlagen sollen, oder ob die Gefahr zu groß ist, uns dort zu unterkühlen (oder sogar zu erfrieren), denn die Umgebung der Hütte ist von einigen Schneefeldern gesäumt. Kein Wunder: hier in der Nähe befindet sich Norwegens sechstgrößter Gletscher – der Hardangerjøkulen! Die Kinder wollen freiwillig im Auto schlafen, denn es ist echt eiskalt. Wir haben auch nur einen von uns selbst in der Praxis kälteerprobten Schlafsack, einen steinalten Bundeswehr-Schlafsack von *Neunzehnhundert-irgendwas...* Ein Streit entbrennt, der jedoch schnell von einem Schwarm bösartiger Mücken unterbrochen wird, die uns alle in Rekordschnelle zum Auto hetzen lassen. Scheinbar war die Hütte "bewohnt" und das Thema mit der Übernachtung in der Scheunen-Baustelle hat sich damit erledigt.

Es ist immer noch hell, deshalb entscheiden wir uns weiterzufahren. Bis auf 1300 Meter steigt das Hochplateau an und überrascht uns hinter jeder Kurve mit einem noch atemberaubenden Ausblick. Wir fahren bis zum Hinweisschild zum Vøringsfossen – einem Wasserfall, der auf unserer *must-see*-Liste steht. Auf einem Parkplatz schlagen wir kurz vor Mitternacht unser Nachtlager auf und kriechen müde in unsere Schlafsäcke. Die Kinder schlummern tief und fest, während wir diese Nacht nur mühsam Ruhe finden. Kurz nach vier ist es bereits wieder hell und es nieselt ein wenig – doch DAS ist für Norwegen ja normal...

Vøringsfossen + Eidfjord

Nach der Morgentoilette und einem kargen Frühstück (das Brot fehlt – aber das besorgen wir uns, in Norwegen ist ja auch oft am Sonntag geöffnet) machen wir einen Spaziergang zum **Vøringsfossen**.

Die zwei Wasserfälle stürzen sich 300 Meter tief in eine schmale Schlucht. Ein sehr beliebtes Fotomotiv für Reiseführer, das uns noch oft begegnen wird! Es gibt mehrere Aussichtspunkte in der Nähe des Hotels *Fossi*, die einen grandiosen Blick bieten. Leider ist der Weg oberhalb der Schlucht vom Regen glitschig – und vollkommen ungesichert! Eine kleine Warntafel reicht hier nach Meinung der Norweger vollkommen aus.

Einige Holzkreuze und Gedenktafeln mit Sterbedaten lehren etwas anderes... Trotzdem genießen wir dieses Naturschauspiel und sind sehr vorsichtig. Da es morgens um 6 Uhr ist, haben wir die ganze Gegend für uns alleine.

Weiter unten im Tal finden wir das **Bauernhofmuseum Måbø.** 14 Kühe und etliche Ackerflächen wurden hier früher in mühevoller Handarbeit bewirtschaftet. Das Futter für die Tiere musste von weit entfernten Ackerflächen herangeschafft werden, da das Måbødal zu karg ist, um 14 Kühe zu ernähren. Wegen der Trockenheit wurde der Fluss schon vor Jahrhunderten mit einem Bewässerungssystem genutzt. Die 6 Gebäude sind gut erhalten und als Museum hergerichtet, sogar 9 Kühe leben hier noch. Heutzutage gibt es aber eine Straße durch das Tal, an der einige große Heuballen für die Kühe stehen...In den frühen Morgenstunden ist die Wildwiese rund um den Måbø-Hof noch klatschnass und beschert uns nasse Schuhe und Füße – wie den Bauern aus längst vergangener Zeit bestimmt auch.

Da wir für unser nächstes Ziel, das Eidfjord Hardangervidda Natursenter noch zu früh dran sind, suchen wir uns erstmal einen Bäcker!!! Als wir durch einen langen Natursteintunnel vom Øvre **Eidfjord** an den eigentlichen Fjord kommen, erwartet uns nach dem Tunnelausgang strahlender Sonnenschein. Bezaubert liegt der Fjord vor uns, spiegelt sich herrlich im klaren Wasser. Zwar haben wir mit-

tels Geldautomaten jetzt NOK, aber es gibt in ganz Eidfjord keinen Bäcker! Der einzige Supermarkt öffnet erst viel später. Nun werden Chili-Nüsse, Bananen und Birnen unser zweites karges Frühstück, denn wer isst Nutella, Thunfischsalat oder Lamm-Salami schon ohne Brot?!? Die Kinder haben noch eiserne Reserven aus ihrem Supermarkt-Einkauf in Form von Keksen. Dann wird es eben später einen ausgedehnten Brunch geben. Wir genießen unser zusammengewürfeltes Frühstück am Ufer des sonnigen Fjordes und warten, dass endlich das Eidfjord Hardangervidda Natursenter öffnet!

Das moderne Museum liefert Hintergründe und Fakten über die Region Hardangervidda. Mit vielen interaktiven Objekten, Quiz, Aquarien, Tierexponaten, Modellen und einem atemberaubenden Panoramafilm – in dem man im Hubschrauber kurvenreich über die Vidda fliegt – waren auch die Kinder total begeistert. Der Eintritt war nicht gerade billig, aber bei den Kühlschrankmagneten – die wir ja so gerne sammeln – hat's uns von den Socken gehauen: 7 € das Stück! Doch wann kommt man schon mal wieder zum Eidfjord und auf die Hardangervidda?!?

Es ist inzwischen 11 Uhr und die Mägen knurren: Jetzt muss der Laden aber offen haben!!! Und verkauft hoffentlich auch Brot... Aber von wegen: trotz Sonntagsöffnungszeiten an der Eingangstüre ist hier alles dicht. Leider ist Eidfjord auf längere Sicht das letzte Dorf – zumindest bis zur anderen Seite des **Hardangerfjordes**.

Dem norwegischen Ideenreichtum sind scheinbar keine Grenzen gesetzt: unsere Überraschung ist grenzenlos, als ein altmodischer Natursteintunnel in einer riesigen Höhle mit einem topmodernen Kreisverkehr mit einer zentralen riesigen blau beleuchteten Säule (wahrscheinlich aus statischen Gründen) mündet. Man wählt einen neuen Tunnel zur Weiterfahrt – mitten im Berg!!!

Ein Campingkiosk taucht am Straßenrand auf!! Unsere Rettung in der Mission *Brot*! Der Hardangerfjord-Kiosk verkauft uns tatsächlich Brot – zu horrenden Preisen! Zusammen mit einer Minipackung Kekse und 2 Eis für die Kinder zahlen wir über 12€! Aber eine Familie braucht nun mal Essen. Dafür machen wir ein Picknick direkt am Ufer des Fjordes. Damit geizen die Norweger nämlich nicht: eine Picknickbank findet sich immer schnell - gerade auf touristischen

Routen. Nach etlichen geschmierten Nutella-, Wurst- und Thunfisch-
broten ist der halbe Laib jedoch auch schon wieder weg. Zumin-
dest fürs Abendessen wird es noch reichen. Und morgen in Bergen wird sich bestimmt was finden...

Kaum sind wir am Ufer des Hardangerfjordes wieder *on the road,* werden wir durch Schilder aufgefordert 43 NOK per elektronischer Maut zu bezahlen. Erstens sehen wir rein gar nichts Gebührenpflichtiges (Tunnel, Brücke, Fähre...) noch gibt es ein Kassenhäuschen. Mal sehen, ob uns zurück in Deutschland dann Post erwartet...

Es ist wirklich eine wunderschöne Straße nördlich des Hardangerfjordes. Der bunte Mix aus düsteren Wolken und Sonne macht die Landschaft besonders

aufregend. Immer dem Ufer des Fjordes entlang schmiegt sich die Straße eng an den Berg – manchmal so eng, dass man bei Gegenverkehr einen halben Herzinfarkt erleidet!

Nächste Station ist der **Steinsdalsfossen**, ein gewaltiger Wasserfall, hinter dessen herabstürzenden Wassermassen man auf einem Pfad vorbeilaufen kann. Nach einem kurzen Regenschauer empfängt uns der Wasserfall in strahlender Sonne und ist ein herrliches Fotomotiv! Von oben hat man einen tollen Ausblick auf den

(noch von Regenwolken verhangenen) **Hardangerfjord**. Die Touristinfo vor Ort hat uns gleich aufgeklärt, dass wir tatsächlich für die elektronische Maut eine Rechnung bekommen. Das ist wohl in Norwegen neuerdings so üblich... auch wenn es nicht gerade so ist, dass zu Hause als Willkommensgeschenk dann ein Stapel Rechnungen auf den Reisenden wartet! Die Rechnungen sollen erst mit zweimonatiger Verzögerung verschickt werden. Personal vor Ort gibt es dabei nicht mehr... Weiterhin hat uns die Angestellte der Touristinfo einen kostenlosen Parkplatz für unser Auto in Bergen empfohlen – etwas außerhalb, aber super mit dem Zug zu erreichen. Und kostenloses WLAN hatte die Touristinfo auch.

22.30 Uhr, Bergen

Hier in **Bergen** ist es Gang und gebe, diese blöde elektronische Maut zu bezahlen! Nicht nur etwa einmal, wenn man in die Stadt hinein will, sondern auf vielen größeren Straßen. Im Moment stehen

wir auf einem Parkplatz, der zwar kostenlos ist, aber von solchen Mautkameras regelrecht umzingelt. Beim besten Willen finden wir keine Straße aus dem Viertel hinaus, die keine Maut verlangen würde. Kurzerhand parken wir uns auf einem kostenlosen Parkplatz am Straßenrand – dem Ersten, den wir in Bergen überhaupt sehen. Leider liegt er auf der falschen Seite des *Damsgårdsundet*. Um zum Hurtigrutenanleger zu gelangen, müssen wir die Straße ein gutes Stück lang laufen, den *Damsgårdsundet* über eine riesige Brücke überqueren und dann in das Stadtviertel *Sydnes* laufen. Wir machen das mal testhalber, und die Kinder meckern bereits: DAS IST DEFINITIV ZU WEIT! Vor allem am nächsten Tag mit den Koffern und Rucksäcken! Weil aber alle anderen in der Umgebung erspähten gebührenfreien Stellplätze bereits besetzt sind, wollen wir den ergatterten Parkplatz um keinen Preis mehr verlassen – und auch kein Busticket für Park-and-Ride im Stadtrandgebiet bezahlen (die ursprünglich erste Wahl...). Mürrisch machen wir uns auf den Weg Richtung Innenstadt, denn dort soll es eine faszinierende Eisbar geben. Die Aussichten auf eine Nacht direkt zwischen viel befahrener Straße und Bürgersteig (ohne Toiletten in der Nähe) treibt die Stimmung gerade bei den Parkplatz-Gegnern in den Keller. Wir müssen über einen Hügel auf der Halbinsel Nordnes drüber, um Richtung Bryggen zu kommen – natürlich mit Treppen. Körperlich bereits einigermaßen erschöpft entdecken wir, dass die vielbeworbene Eisbar dicht gemacht hat (obwohl sie auch im Bergen-Kalender 2015 noch als Highlight enthalten ist!), alle wollen nur noch zurück ins Auto. Weil keiner die Treppen nochmal hoch schnaufen will, gehen wir durch die Innenstadt. Da wir ja vormittags schon so viel gelaufen sind, sind wir alle echt fertig, jeder glaubt, sein Zipperlein ist schlimmer als das der anderen. Zwar haben wir uns die Treppen gespart, doch der Hügel nördlich des *Damsgårdsundet* wartet jetzt mit einer steilen Teerstraße auf – und wir dachten, wir hätten ihn umgangen!

Als wir mit Hängen und Würgen um 22 Uhr am Auto ankommen, ist allen total egal, WO die Karre steht: Hauptsache SITZEN!!! Wir machen uns noch ein leckeres Abendessen aus einigen Sachen, die wir uns unterwegs gekauft haben, darunter auch eine sagenhaft gute Curry-Creme. Scharf – aber sau-gut! Fix schlüpfen wir in unsere Schlafsäcke, aber da es immer noch so hell ist (und jeder Knochen schmerzt) können wir lange nicht einschlafen. Vor allem, als in der Fabrikhalle nebenan um 23 Uhr Kerzen angezündet werden – das können wir durch ein erhebliches Loch in der Außenwand genau von unserem Autofenster aus sehen. Tja, stehen wir hier wirklich auf einen guten Platz?!?

Mal sehen, was der nächste Tag so bringt. Auf jeden Fall einen Turnschuhkauf, denn dem Sohn ist eingefallen, dass seine neuen, sündhaft teuren Marken-Turnschuhe plötzlich zu klein sind. Vor einen halben Jahr gekauft, hat er sie geschont, weil er sie so gut fand und nicht gleich zu Schanden tragen wollte. Jetzt sind sie zu klein – er hatte sie ohne anzuprobieren eingepackt... Schuhkauf in Bergen – WIR WERDEN ARM!!!

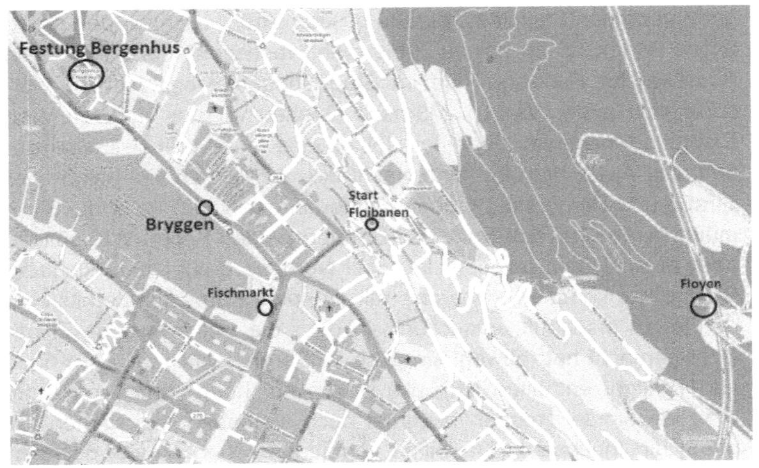

Infokasten Bergen

Bergen ist mit einer Viertel Million Einwohner die zweitgrößte Stadt Norwegens. Die Stadt liegt **in 7 Hügeln eingebettet** – und besiedelt diese auch munter.

Der bekannteste Berg ist der **Fløyen**, auf den man mit der **Fløibanen** in wenigen Minuten hinauf fahren kann.

Bei der Bergstation des Fløyen wartet ein Restaurant auf Sie und wunderschöne Wanderwege laden zu Spaziergängen ein. Zudem kann man im Sommer kostenlos auf einem **Bergsee mit Kajaks fahren**.

Start der Standseilbahn ist in der Nähe des Handelsviertels Bryggen beim Fischmarkt. Die Fløibanen fährt zwischen 7.30 und 23 Uhr und kostet mit Rückfahrt 90 NOK. <u>Adresse:</u> Vetrlidsallmenningen 21, 5014 Bergen

Wer in Bergen ist, muss unbedingt das alte **Hafenviertel Bryggen** besuchen. Nachdem Bergen ein wichtiger Umschlagplatz für Fisch und Getreide war, hielt ab 1343 die **Hanse** Einzug und gründete die ersten Niederlassungen. Über 60 Häuser aus der Hansezeit sind hier noch zu bestaunen und werden von fast jedem Touristen abgelichtet. Das Viertel steht auf der Liste des Welt-Kultur-Erbes. Noch heute befinden sich Geschäfte in den alten Handelshäusern, denn das Viertel mit den bunten Holzhäusern ist DER Touristenmagnet schlechthin.

Nicht weit von Bryggen entfernt befindet sich die **Festung Bergenhus**, eine der ältesten Festungen Norwegens. Die Grundsteine der Festung wurden im 13. Jahrhundert gelegt, erstaunlich gut ist Bergenhus noch heute erhalten. Da die Festung von einer gut gepflegten weitläufigen Parkanlage umgeben ist, kann man dort auch prima dem Trubel Bergens entfliehen und ein wenig im Grünen Spazierengehen. Alte, restaurierte Kanonen runden das historische Erscheinungsbild des Parks ab. Beachten Sie die **Håkonshalle** auf dem Festungsgelände, sie wurde im 13. Jahrhundert als königliche Residenz errichtet. Das gotische Steingebäude mit dem Treppengiebel wird heute für Kulturveranstaltungen, Ausstellungen und Konzerte genutzt. Auf der Seite www.bymuseet.no finden Sie auf Englisch eine detaillierte Aufstellung über geplante Events!
Die Öffnungszeit der Hakonhalle ist im Sommer von 10 - 16 Uh (im Winter etwas kürzer), der Eintritt kostet 80 NOK.

Eine weitere Erfahrung ist der **Fischmarkt** von Bergen, der sich gleich an das Hanseviertel am Ende des Hafenbeckens anschließt. Dutzende Händler bauen hier täglich ihre Stände auf und bieten fangfrischen Fisch aus dem Nordmeer und andere regionale Produkte an.

Südlich des Fischmarktes schließt sich die **Innenstadt von Bergen** an. Sie bekommen an der Touristinfo, in vielen Hotels und auch schon in vielen Orten außerhalb von Bergen einen kostenlosen Faltstadtplan. Unbedingt mitnehmen, denn Bergen kann man gut zu Fuß erkunden!

Tag 1:

Einschiffung in Bergen

Überraschenderweise haben wir die Nacht ganz friedlich verbracht. Der starke Verkehr, der tagsüber hier herrscht, kam nachts komplett zum Erliegen und Fußgänger gab's auch nicht. Zum Frühstück gibt's das restliche Brot von gestern mit Käse und Nutella, die (schon ein wenig lädierten) Birnen und Joghurt. Unsere letzte Banane bekam gestern ein Bettler in der Fußgängerzone *Torgallmenningen*. Manche Bettler freuen sich über Lebensmittel (wir geben nichts anderes!), aber manche sind eben nur nach Alkohol und Zigaretten aus. Dieser hat sich wenigstens gefreut.

Die gesundheitlich zu sehr Lädierten wollen zum Schuhkauf nicht mitgehen und stattdessen den Kram im Auto ein wenig sortieren: was mit auf die Hurtigrute soll und was nicht... Schade, dass die jetzt nicht zum Fischmarkt und nach Bryggen kommen – aber wir werden

ja auf der Hurtigrute noch viele Ausflüge machen. Bergen kennen wir schon von früheren Reisen.

Kurz vor ein Uhr ist die Familie wieder vereint beim Auto versammelt. Von unserer Wanderung in die Stadt haben wir Turnschuhe, Moltebeerenmarmelade sowie Elch- und Rentiersalami mitgebracht. Unsere Tochter war entsetzt über die Orca-Wal-Wurst – die wir natürlich nicht gekauft haben.

Nach dem unvermeidlichen Marsch mit den Koffern zum Hurtigrutenkai wollen alle nur noch sitzen! Die Einen von uns spielen Karten oder mit dem Tablet, die Anderen sind zu aufgeregt, finden vor Vorfreude keine Ruhe und entschließen sich, noch ein wenig in die Stadt zu gehen. Dort machen sie noch einige Aufnahmen. Rechtzeitig zum Einlaufen der MS Lofoten in den Hafen stehen alle am Kai. Mit ihrem Schiffshorn begrüßt die "alte Lady" das Hurtigrutenterminal in Bergen.

JETZT beginnt der komfortable Teil unseres Norwegen-Trips: Schluss mit Gebirgsbach-waschen, Schlaf im Sitzen und Wurstbrot auf Picknickbänken!

MS Lofoten beim Einlaufen in Bergen

Übrigens: Das neue Hurtigruten-Terminal am Nøstebukten wurde am 1.März 2005 eröffnet.

Auf der anderen Seite des Kais liegen die "MSC Orchestra" und die "Mein Schiff" – gegen diese Giganten wirkt das kleine Postschiff wie ein Schlepper! Trotzdem freue ich mich ungemein auf die

Reise, auch wenn ich jetzt im Moment gegen einen Jacuzzi nichts einzuwenden hätte!

Wir sitzen auf gemütlichen Bänken in der Halle des Terminals und sehen den ehemaligen Passagieren beim Auschecken zu. Alle wuseln durcheinander, suchen Koffer auf dem Rondell und ein Ehepaar

stattet seine Bikes mit einer Unmenge von Satteltaschen aus. Verblüffend, mit wie viel Gepäck man ein Rad beladen kann! Jetzt wird es auch Zeit für uns: auf zum Check-In!!!

Nach der Rettungsübung – die netterweise lediglich aus einem kurzen Film besteht – können wir endlich die MS Lofoten betreten. Die Kinder sind begeistert von der edlen Inneneinrichtung aus Holz und den mega-bequemen Sessel in den Lounges. Schnell haben wir das ganze Schiff erkundet, denn es hat ja nur 5 Decks. Im roten Salon entdecken wir ein Hurtigrutenbrettspiel, das wir sogleich alle zusammen spielen. Dabei merken wir, dass alle Familienmitglieder enorme Defizite um das Thema *Hurtigruten&Norwegen* haben – sogar ich, obwohl ich mich im Vorfeld schon sehr mit dem Thema beschäftigt hatte!! Also gewinnt derjenige von uns, der durch Glück ein paar Mal auf das "Polarkreisfeld" kommt…

Laut einer Durchsage ist jetzt unsere Kabine bezugsfertig. Wir haben die Kabine 112 auf Deck A. Das ist – logischerweise – ganz unten. Es ist eine Außenkabine, doch wir finden das gebuchte Bullauge

nicht!?! Da müssen wir an der Rezeption mal fragen. Und einen Schrank haben wir auch nicht! Immerhin die Betten sind schmal aber bequem, zu mehr als schlafen und umziehen braucht man die Kabine sowieso nicht.

Nach einer kurzen Dusche (drei Türen weiter auf dem Gang) ruft auch schon das **Dinner**. Wir haben Glück und bekommen für die ganze Reise einen Fensterplatz für 4 Personen. Der Salat ist köstlich und für die Suppe gibt es eine weitere Attraktion: der Koch trägt einen riesigen Topf in den Speisesaal, aus dem er persönlich die Spinatsuppe schöpft, mit einem Ei dekoriert und dann den Kellnern übergibt.

DAS würde auf einem Cruise-Ship dem Koch bestimmt nicht einfallen. Der Service ist hier wirklich unglaublich! Unser Kellner ist sehr aufmerksam, und die Restaurantchefin kommt sogar persönlich an unseren Tisch, um uns mitzuteilen, dass sie unsere Mail zu unseren Essenseinschränkungen erhalten hat. Unsere Tochter ist Vegetarierin und wir anderen essen kein Schwein und keine Meeresfrüchte. Wir haben eigentlich befürchtet, dass die Mail irgendwo in den Weiten der Meere versumpft wäre, aber von wegen: alles wird haargenau berücksichtigt. TOP!

Wir besorgen Postkarten im sündhaft teuren Schiffs-Shop und schicken unsere 3 Karten auch gleich weg: wir sind ja auf dem Postschiff!

Schon der erste Abend endet in einem phänomenalen Sonnenuntergang. Wir wollen auf keinen Fall in die Kabine! Im roten Salon genießen wir die letzten Sonnenstrahlen in Südnorwegen. Zur Zerstreuung der Kinder spielen wir noch ein wenig Karten, genau wie die Franzosen neben uns. Auch Horst gesellt sich in unsere Ecke. Wir haben ihn schon beim Einschiffen kennen gelernt. Er ist Anfang 70 und grauhaarig, aber äußerst munter und redselig. Inzwischen kennt er schon das halbe Schiff und begrüßt auch die Franzosen neben uns in fließendem Französisch, da er vor 20 Jahren von Deutschland nach Frankreich ausgewandert ist. Er wird aber bald müde und will seinen Nebenjob beim MAD nachgehen: dem Matratzen-Abhör-Dienst...

Auch wir legen uns bald in die Kojen und werden von an die Bordwand klatschenden Wellen in den Schlaf gewiegt.

Tag 2:

Ålesund + Geirangerfjord

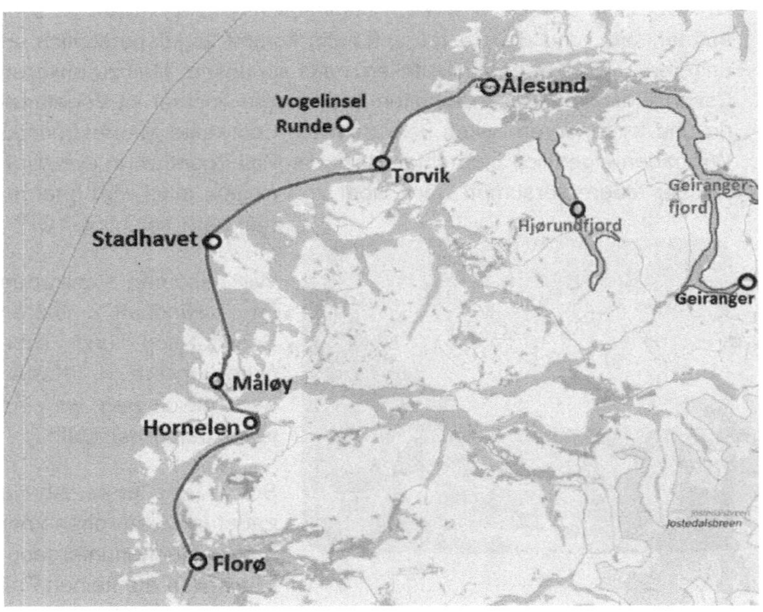

Schon morgens um 4 Uhr hält mich nichts mehr im Bett. Ich schleiche mich leise aus der Kabine und gehe an Deck 4. Die Luft ist überraschend mild und ich komme gerade noch rechtzeitig zum Anlegen

in **Måløy**. Touristisch hat dieser kleine Hafen nichts zu bieten – schon gleich nicht in der Nacht – das Städtchen ist bekannt als Fischereizentrum. Nur wenige Minuten liegen wir am Kai, dann drehen wir ab Richtung Sonnenaufgang. Wunderschön blutrot kommt langsam die Sonne hinter einer gewaltigen Bergkette hervor. Da hinter uns eine kleine Regenwolke hängt, erscheint auch noch ein schöner Regenbogen. Bei der Ausfahrt aus dem Fjord begegnen wir der **"MS Midnatsol"**, die aber wegen der frühen Tageszeit auf ihr Signalhorn zur Begrüßung verzichtet. Schöne Stunden verbringe ich hier an der Reling und bin kurz vor 7 Uhr – als die Anderen zum Frühstücksbuffet aus den Federn kriechen – um bestimmt hundert Fotos reicher.

Infokasten Schiffstunnel und Stadlandet

Zwischen den Häfen *Måløy* und *Torvik* liegt Stadhavet (abgekürzt Stad). Der Abschnitt um die Halbinsel Stadlandet gilt als einer der gefährlichsten Gewässerabschnitte entlang der norwegischen Küste: an dieser gefürchteten Stelle sind Wellen bis zu einer Höhe von 33 Metern gemessen worden! Hier erfolgt auch die Trennung von Nordsee und europäischem Nordmeer.
Die gefährliche Passage wird vom *Buholmen Fyr* markiert, einem Leuchtturm mit Blitzfeuer.
Kein Aprilscherz: Wegen dem hier sehr harten und gefährlichen Wetter mit äußerst hohen und sich kreuzenden Wellen, wird der Bau eines Schiffstunnels in Erwägung gezogen: geplant ist er an der engsten Stelle der Halbinsel Stadlandet zwischen dem *Moldefjord* und dem *Vanylvsfjord* – durch ein ganzes Bergmassiv hindurch!
Das Projekt wird mit 1,6 Millarden NOK (213 Mio. Euro) veranschlagt, ist aber noch nicht über die Planungsphase hinaus. Baubeginn soll frühestens 2018 sein. Der Tunnel soll 23 Meter breit, 33

Meter hoch und 1,7 km lang werden...
Ein Video des geplanten Tunnels und viele Infos finden Sie unter
http://www.skipstunnel.no/

An der Landspitze der Insel Stadlandet liegt die Ortschaft Ervik. Das
Hurtigrutenschiff *Sanct Svithun* befand sich am 30. September 1943
südwärtsgehend Richtung Måløy, als es von sechs kanadischen
Bristol Beaufighter-Jagdbombern der Royal Canadian Air Force ge-
ortet wurde. Die *Sanct Svithun* befand sich zu diesem Zeitpunkt unter deutschem Kommando und hatte auch Kanonen an Bord, war
allerdings ohne Begleitschutz auf See. Die deutschen Offiziere ge-
statteten jedoch die von den Kanadiern geforderte Evakuierung des
Schiffes nicht. Daraufhin wurde die *Sanct Svithun* von den Jagd-
bombern bombardiert und lief auf einem Unterwasserfelsen auf
Grund. Stundenlang lag das brennende Hurtigrutenschiff in der to-
senden Brandung, die meisten Passagiere konnten sich glücklicherweise – mit Hilfe der einheimischen Bevölkerung – an Land retten.
Kapitän *Alshager* verließ als Letzter das sinkende Schiff.
Aus Dankbarkeit gegenüber den Einwohnern von *Ervik* errichtete die
Reederei eine kleine Gedenkkapelle, in der die Schiffsglocke der
Sanct Svithun noch heute zu sehen ist.

Während des Frühstücks sehen wir den Hafen von **Torvik**. Es ist
jedoch nur ein kleines Städtchen und wir steigen nicht aus, sondern
sehen von Deck aus den Ladetätigkeiten zu.

Infokasten Torvik

Kurz vor der Einfahrt in den Hafen fährt das Postschiff unter der
543m langen Hærøy-Brücke durch. Es handelt sich um eine freitra-
gende Brücke zwischen den Inseln Gruskøya und Leinøya, das Baujahr war 1976.

Torvik liegt auf der Insel Leinøya. Sie dürfen hier keinen großen Hafen erwarten, es handelt sich eher um eine kleine Streusiedlung rund
um den Hurtigrutenkai am Herøyterminal – dem Haupthafen für die
8000 Bewohner des Inselreiches. Der Hafen wird seit August 1971

von der Hurtigruten angelaufen und dient als zentrale Koordinations-
stelle für Transportaufträge und Güterumschlagplatz für die Inselge-
meinde. Viele Einwohner arbeiten in der Ulstein-Werft auf der 6 km
östlich liegenden Nachbarinsel.

In *Torvik* selbst gibt es keinerlei nennenswerten Sehenswürdigkeiten
oder Restaurants, das ganze öffentliche Leben spielt sich in *Fosna-
våg* an der Westküste der Insel Leinøya ab.

Torvik stand schon mehrmals im Brennpunkt, nicht mehr von der
Hurtigrute angelaufen zu werden. Als Ersatz käme das wenige Kilometer entfernte *Mjølstadneset* in Frage. Mitte 2014 wäre der Hafen
fast kurzfristig aus dem Programm gefallen, da der Terminalbetreiber
Refa Group keine Güterverladung in den neuen Verträgen mehr ak-
zeptieren will.

Das Frühstückbuffet ist sehr reichhaltig und lässt keine Wünsche offen. Es reicht von Makrele mit Cranberries bis hin zu dem gewöh-
nungsbedürftigen norwegischen Gamelost-Käse. Wir probieren bei-
des und bereuen es nicht!

die „MS Lofoten" (klein, links) vor der gigantischen „Rotterdam"!

Nach etlichen Runden Kartenspiel legen wir in **Ålesund** an.
Direkt neben der riesigen „Rotterdam" von Holland Amerika wirkt unsere MS Lofoten wie ein Zwerg!

Aber im Inneren zeigt die Lofoten ihre wahre Stärke: das rustikale Holzambiente ist einfach gemütlich!
Mein Sohn fragte beim Frühstück schon: „Um wie viel Uhr gehen wir über Bord??" Wir hoffen alle, dass wir auf dieser Fahrt nie ÜBER Bord gehen werden…

Da wir leider bereits mit Verspätung in Ålesund festgemacht haben, ist die Zeit mehr als knapp. Es reicht gerade mal für eine Runde im Hafen. Immerhin stoßen wir auf ein Geschäft, dass Kajak-Touren anbietet. Im Schaufenster steht ein absolut geniales gelbes Kajak: man kann es in Segmente zerlegen und je nachdem wie viele man einfügt ein beliebiges langes Fieberglaskajak zusammenbauen. Das ist perfekt für den Transport und auch sehr flexibel, je nach Anzahl der Mitpaddler. Zumindest wissen wir jetzt, welche Firma diese Boote herstellt.
Gerade noch rechtzeitig kommen wir (rennend) aufs Schiff – davor mussten wir im Hafen unbedingt noch schnell einen Magneten kaufen. Ein zweites Frühstück lädt ein, da das Restaurant direkt neben der Gangway liegt. Die Kinder sind ganz begeistert von den frisch zubereiteten Blaubeerpfannkuchen. Lecker!!

Nachmittags fahren wir in den **Geirangerfjord** ein, auch hier ist – bis auf ein paar Wolken – herrliches Wetter. Leider liegen direkt vor dem Dörfchen Geiranger die "Mein Schiff", die "MSC Orchestra" und ein französisches Schiff vor Anker und versperren total die Sicht. Wir müssen uns hinter den Giganten einreihen, um die Gäste für den *Trollstigen-Landausflug* auszutendern. Auch Horst ist dabei, wie er uns stolz erzählt. Wie immer verlassen auch viele Individual-

Reisende die MS Lofoten, mit Rucksack und Bikes bepackt. Die Hurtigrute wird wirklich sehr stark als öffentliches Transportmittel, ähnlich einer Art Wasserbus, benutzt. Nachts schlafen die Reisenden auf den Bänken im Salon oder auf jedem x-beliebigen Sessel.

Schon nach 10 Minuten verlassen wir wieder den schönen Fjord, vorbei an dem "Freier" und den "sieben Schwestern". Prompt macht sich die Müdigkeit wegen des wenigen Schlafes der letzten Tage bemerkbar und ich nicke – wie die Rucksacktouristen letzte Nacht – im blauen Salon auf der Couch ein. Die meisten Gäste sind ja auf dem Ausflug zum

Trollstigen, so dass die MS Lofoten ausgesprochen leer und ruhig ist... perfekt für ein paar ruhige Minütchen. Aber im Urlaub kann man sich wohl mal ein Nachmittagsnickerchen gönnen!

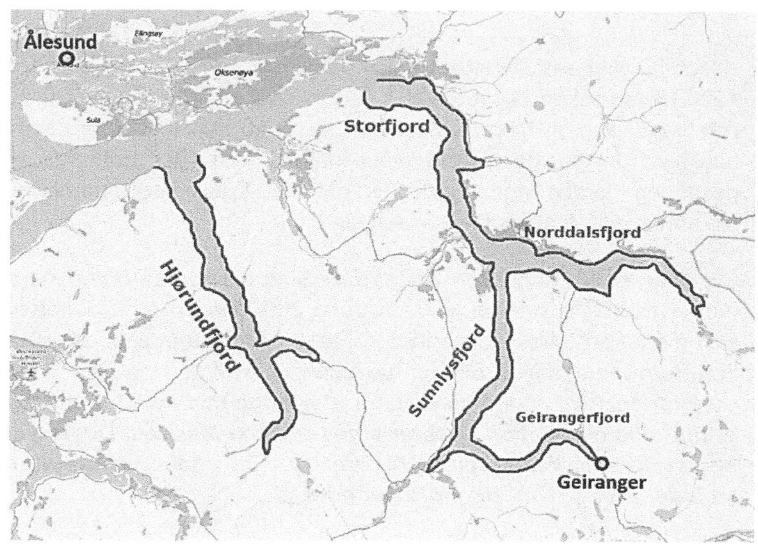

Infokasten Geiranger

So schön und faszinierend Ålesund auch sein mag – nutzen Sie die Möglichkeit und fahren Sie mit dem Postschiff in die Fjorde!
Einleitend bleibt zu sagen, dass der Geirangerfjord nur in den Sommermonaten von der Hurtigrute angefahren wir. Im Herbst können Sie hingegen den Hjørundfjord genießen. Beide Fjorde liegen direkt nebeneinander südlich von Ålesund.
Im Winter/Frühjahr gilt dann ein anderer Fahrplan ab Bergen – ohne Fjorde! Die Gefahr, die von herabgehenden Lawinen und den daraus entstehenden großen Wellen ausgeht, ist für die Schifffahrt zu groß.

Über den Geirangerfjord kann man ein ganzes Buch oder einen Bildband schreiben, so facettenreich ist der wohl bekannteste Fjord Norwegens. Und es gibt auch schon genügend Literatur darüber. Deswegen hier nur die wichtigsten Landmarken und ein paar eindrucksvolle Bilder, die die Schönheit des Fjordes vermitteln sollen. Der Geirangerfjord und der Nærøyfjord bilden zusammen eine Weltkulturerbestätte der UNESCO: die „Westnorwegische Fjorde" (norwegisch *Vestnorsk fjordlandskap*).
Der Geirangerfjord ist eine Abzweigung des Sunnlysfjords und des Storfjords, insgesamt 16 km lang und 100 km von der Küste entfernt.

Unzählige Wasserfälle stürzen sich die steilen Felswände der bis zu 1200 Meter hohen Berge hinab – Sie fahren mit dem Postschiff direkt daran vorbei! Man weiß oft gar nicht, ob nun steuerbord oder backbord der spektakulärere Wasserfall zu sehen ist! Entlang des gesamten Fjordes liegen an den Berghängen Einsiedler-Bauernhöfe, die heute jedoch oftmals verlassen sind.

Die mitunter bekanntesten Wasserfälle sind die sieben Schwestern (norwegisch: *De syv søstre*). Aus rund 300 Metern Höhe ergießen sich die sieben Wasserfälle in den Fjord. Auf der gegenüberliegenden Bergwand können Sie den dazugehörigen Wasserfall „der Freier" (norwegisch *Friaren*) bewundern. **Der Sage nach warb der Freier um eine der sieben Töchter eines reichen Mannes. Doch dieser wollte ihm keine seiner Töchter zur Frau geben, woraufhin sich der Freier dem Alkohol zuwandte** ☺

Je nach Trockenheit oder Schneeschmelze sind die Wasserfälle mehr oder weniger stark ausgeprägt zu sehen: ein Rinnsal oder eine tosende Wasserwand!

Der zweite weltweit bekannte Wasserfall ist der Brudesløret – der Brautschleier. Er befindet sich in unmittelbarer Nachbarschaft zu den sieben Schwestern.

Hurtigruten-Landausflug

„Adlerstraße" und „Trollstigen"

Eine wunderschöne Tour in diesem Fjordgebiet ist die Fahrt auf der Adlerstraße und durch das Isterdalen zum Aussichtspunkt Trollstigen (auf Deutsch *Trollleiter*). Die Tour wird oft als *die goldene Route* bezeichnet, seit 2012 ist die *Trollstigen* offiziell eine Norwegische Landschaftsroute.

Hier bietet Hurtigruten einen Landausflug an: der Ausflug beginnt mit der Ausschiffung mittels Tenderbooten. Es warten bereits Busse auf Sie, mit denen Sie auf die bekannte Ørneveien – die Adlerstraße fahren. Sie führt von *Geiranger* nach *Eidsdalen* am Norddalsfjord. Von der Adlerstraße haben Sie – bei gutem Wetter – auf dem Ørnevegen-Aussichtspunkt einen grandiosen Blick auf die Wasserfälle sieben Schwestern und Brautschleier.

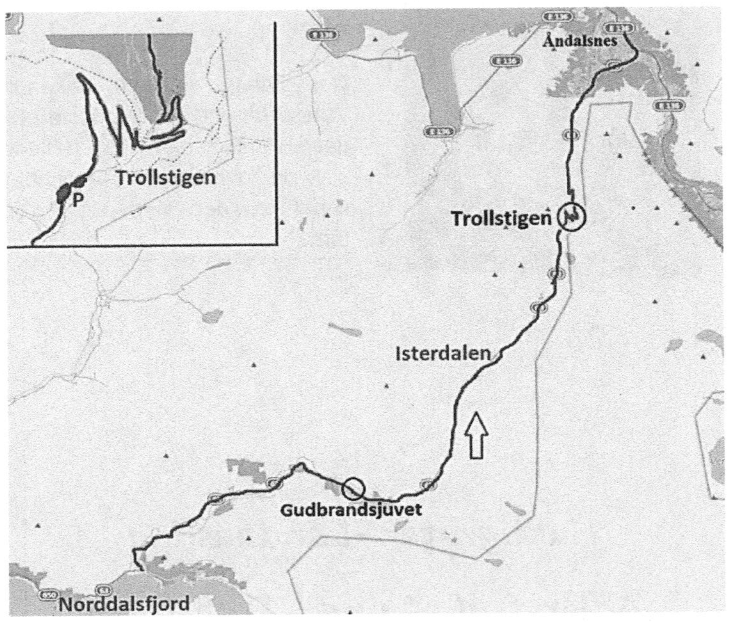

Sie überqueren mit einer Fähre den Norddalsfjord (der genau wie der Geirangerfjord eine Abzweigung des großen **Storfjords** ist) und fahren über das Isterdalen durch eine einmalige Bergwelt.

Der nächste Fotostopp ist in der Gutbrandschlucht (Gudbrandsjuvet). Der Fluss Valldøla hat mit seiner wilden Kombination aus Wasserfällen und Stromschnellen eine nur 5 Meter breite Felsschlucht 25 Meter tief in das Gestein gegraben. Sie können die raue und wilde Landschaft bei einem 10 minütigen Stopp fotografieren und auf einer kunstvoll geschaffenen Fußgängerbrücke zu einer kranzförmigen Aussichtsplattform laufen. Tosend und schäumend zwängt sich der grüne Fluss in Löchern und Felsspalten unter Ihnen hindurch.

Am Parkplatz gibt es einen Souvenirshop und ein kleines Restaurant. Durch die großen Glasscheiben hat man das Gefühl, direkt über dem Wasserfall zu schweben!

Laut einer Sage raubte im 16. Jahrhundert der Mann Gutbrand eine Frau, die seine Braut werden sollte. Die beiden wurden jedoch auf ihrer Flucht verfolgt, und Gutbrand konnte sich nur mit einem gewagten Sprung über die Schlucht in Sicherheit bringen. Ob die Frau den Sprung ebenfalls wagte – und auch schaffte – verrät die Sage nicht. Gutbrand wurde für vogelfrei erklärt lebte bis an sein

Lebensende in einem Seitental oberhalb des Gudbrandsjuvet, das
nach ihm benannt wurde:
das Gutbrandstal.

Es geht weiter auf der Reichsstraße 63, bis Sie am Ende der Bergwelt 800 Meter über den Fjorden auf dem Trollstigen-Aussichtspunkt Rast machen. Sie können den grandiosen Blick auf die umliegen-

den Berge und Täler genießen oder in das *Trollstigen Fjellstue* einkehren. Auch ein kleines modernes Museum an einem See kann hier besichtigt werden.

Der Hurtigruten-Landausflug gewährt hier immerhin eine 45 minütige Pause. An den anderen Stopps (Geiranger und Gudbrandschlucht) haben Sie dagegen nur jeweils 10 Minuten „Fotozeit".

Schließlich fahren Sie in elf scharfen Serpentinen den Trollstigen hinunter. Die Kurven sind so eng, dass die Straße in den letzten Jahren – auch wegen des immer stärker zunehmenden Verkehrs – an einigen Stellen „entschärft" wurde.

Auf einer Steinbrücke überqueren Sie dabei den spektakulären Wasserfall Stigfossen. Der 320 Meter hohe Wasserfall auf der Hälfte des Passes ist ein weiteres Highlight Ihres Ausfluges.

Der Trollstigen ist von drei mächtigen, bis zu 1700 Meter hohen, Bergen umgeben: dem **Bispen** (Bischof), dem **Kongen** (König) und der **Dronninga** (Königin).

Übrigens: während Autos und Busse mühsam die Passstraße mit zwölf Prozent Steigung rauf schnaufen, benötigen Trolle für den Aufstieg angeblich nur 3 Schritte…

Spät am Abend kehren Sie nach einem Abendessen und einem kurzen Bummel in *Molde* auf Ihr Hurtigrutenschiff zurück.

Der gesamte Ausflug dauert 7,5 Stunden und kostet 199 €.

Allerdings wird der Ausflug nur von Juni bis September angeboten, da in den Wintermonaten der Pass gesperrt ist.

Bei gutem Wetter ist der Ausflug definitiv einer der schönsten während Ihrer Postschiffreise – aber bei schlechtem Wetter sehen Sie anstatt der gewaltigen Berge und blauen Fjorde stundenlang nur Nebel…

Ålesund, die Zweite: zurück aus dem Geirangerfjord legen wir nochmals in Ålesund an – diesmal 15 Minuten früher als geplant! Genug Zeit, um unseren Mineralwasservorrat aufzustocken und einen längeren Bummel durch die Jugendstilstadt zu machen. Obwohl mir persönlich die coolen bunten Holzhäuser aus Bergen 1000-mal besser gefallen. In einem Outdoorshop ist alles radikal reduziert, die Tochter bekommt eine Fleecejacke und ich selbst besitze jetzt ein schwarzes Ålesund-T-Shirt mit norwegischer Flagge (genauso wie ich es mag). Das Shirt kostet lächerliche 10€! Jetzt aber "hurtig" zurück zum Schiff, denn wir sind wieder einmal ziemlich knapp dran. Kurz nach dem Ablegen sitzen wir schnaufend im blauen Salon und sehen zu, wie es langsam zu nieseln anfängt.

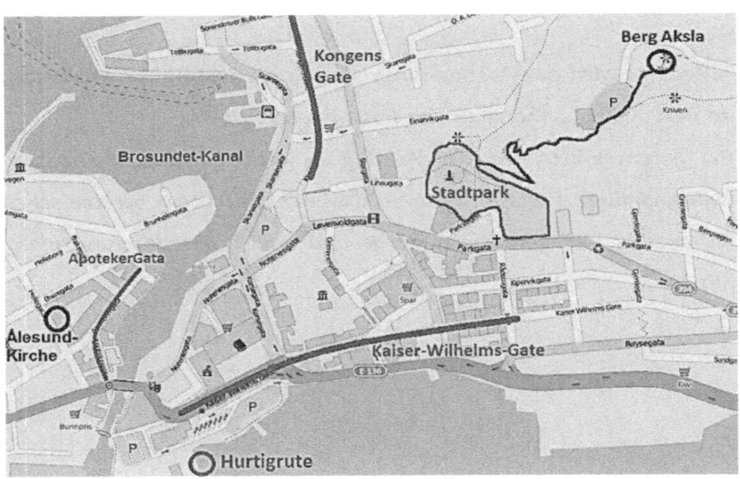

Infokasten Ålesund

Übrigens: Ny-Ålesund auf Spitzbergen wurde nach Ålesund benannt!

Die Kaufleute aus Bergen gründeten die Stadt im 15. Jahrhundert als Stützpunkt für ihre nordischen Handelsrouten. Der alte Kern der Stadt liegt im heutigen Stadtteil *Borgund*. Die Siedlung erblühte zu einem reichen Handelshafen und bekam 1848 die Stadtrechte verliehen. Noch heute ist es ein wichtiger Umschlagplatz für die Fischindustrie. Ålesunds Stadtwappen zeigt ein Fischerboot mit vollen Segeln!
Wichtiger Arbeitgeber ist zudem die Werft VARD AS, die zur italienischen Fincantieri-Werftgruppe gehört.
Im Winter 1904 ereilte die Stadt ein grausamer Schicksalsschlag: in einer Margarinefabrik geriet eine Petroleumlampe in Brand und verursachte ein zerstörerisches Feuer, das über 16 Stunden durch die Innenstadt wütete. Die Holzhäuser brannten wie Zunder, so dass über zehntausend Ålesunder obdachlos wurden. Der deutsche Kaiser Wilhelm II – ein großer Liebhaber der nordischen Länder – sagte seine sofortige Unterstützung zum Wiederaufbau zu. Aus seinem

Privatvermögen versorgte er die mittellose Bevölkerung mit Medikamenten, Lebensmitteln und Baumaterial! Die obdachlosen Norweger wurden vorrübergehend in den leeren Lazarettschiffen der Kriegsmarine untergebracht. Wegen der Brandgefahr gab es bei der Errichtung der neuen Häuser einen Erlass, dass ausschließlich Steinhäuser gebaut werden durften. Junge, arbeitslose Architekten aus Deutschland und England reisten nach Norwegen, um den Neubau der Stadt zu planen. Durch sie kamen die Einflüsse aus der Architektur des **Jugendstils**.

Bewundern Sie die über 400 denkmalgeschützten Bauwerke in der Innenstadt! Die Dankbarkeit der Bewohner gegenüber Kaiser Wilhelm war grenzenlos: sie benannten ihre wichtigste Hauptstraße nach ihm und stellten zu seinen Ehren einen Obelisken auf. Wegen den verschnörkelten Jugendstilhäusern mit den vielen Türmchen, Erkern, Spitzen und Ornamenten hat Ålesund den Beinamen *Stadt des Jugendstils*. Die schönsten Häuser sehen Sie in der Kongens Gate, einer belebten Einkaufsstraße im Zentrum. Über 400 000 Touristen und 100 Kreuzfahrtschiffe kommen jährlich in den Sommermonaten nach Ålesund, um die Stadt zu besichtigen – sie wurde sogar zur schönsten Stadt Norwegens gewählt!

Bummeln Sie durch die Fußgängerzone (auf norwegisch *Gågata*) entlang des malerischen Kanals **Brosundet**. Hier werden die Fische fangfrisch aus den Booten heraus verkauft!
Wenn Sie den Kanal überqueren, kommen Sie auf die belebte Straße **Apotekergata** und ein Stück weiter westlich zur **Ålesund Kirche**. Die Kirche stammt – wegen dem Brand – aus dem Jahre 1909. Suchen Sie in den vielen wundervollen Glasmalereien das Fenster mit dem preußischen Wappen – natürlich auch zu Ehren Kaiser Wilhelms!

Mit genügend Zeit wagen Sie den Auftieg zum Stadtberg **Aklsa** (189 m). Es lohnt sich! Über 400 Stufen führen vom Stadtpark zu einem fantastischen Panormablick über die Fjorde, Inseln und das Sunnmøre-Gebirge – vorausgesetzt Sie haben gutes Wetter… kehren Sie in das vorzügliche Restaurant Fjellstua auf dem Gipfel ein und probieren Sie den lokalen fangfrischen Fisch bei einem traumhaften Blick über Ålesund! Die ursprüngliche weiße Holzhütte, die

vor über hundert Jahren den Grundstein für dieses beliebte Restaurant bildete, wurde durch eine moderne Lodge ersetzt.
Rechnen Sie für den serpentinenartigen Treppenaufstieg ungefähr 30 - 45 Minuten in Ihren Zeitplan mit ein. Ein traumhafter Ausblick über Ålesund ist die Belohnung!

Beim vorzüglichen Abendessen sind wir fast alleine im Restaurant, denn die meisten Mitreisenden sind ja noch auf der *Trollstigen*. Kurz vor Molde sehen wir die südgehende MS Nordlys und begrüßen sie gebührend.

Wir bleiben gleich an Deck, denn bei der Hafeneinfahrt von **Molde** hat man die Gelegenheit, ein einmaliges Foto zu schießen: man hat ein Zeitfenster von wenigen Sekunden, um bei gutem Licht in der Spiegelverglasung des Moldener Rathauses die Spiegelung des Hurtigruten-Schiffes zu sehen und zu fotografieren. Das Foto wird aber recht dürftig, denn die MS Lofoten ist einfach zu klein. Eine Hurtigrute der Milleniumklasse würde die Glasfassade wohl besser ausfüllen!

Nachdem wir angedockt haben, gehen wir noch 15 Minuten in den Hafen von Molde. Auf den Straßen ist noch mächtig was los, scheinbar war gerade ein Fußballspiel, und Fans – gerüstet mit blauen T-shirts und Schals – feiern den Sieg. Schade, dass wir diese sympathische, lebendige Stadt schon nach wenigen Minuten verlassen müssen. Daran müssen wir uns definitiv noch gewöhnen: bei Kreuzfahrten sind Liegezeiten von 8 Stunden normal.

Infokasten Molde

Molde ist bekannt als die Rosenstadt und für das jährliche Jazzfestival, zu dem auch internationale Musikergrößen kommen. Wegen dem milden Klima hat Ibsen die Stadt Molde oft besucht.

Eingebettet zwischen dem Fjord und dem Berg Varden, kann man vom Gipfel des Hausberges bis zu den 87 mit Schnee bedeckten Gipfeln des *Romsdalmassives* sehen. Sowohl auf der nordgehenden Route, als auch auf der südgehenden, besuchen Sie Molde in den späteren Abendstunden. Leider werden Sie keine Gelegenheit zu einem umfangreichen Ausflug haben, da in Molde nur ein kurzer Stop für Ladearbeiten erfolgt.

Da es schon nach 23 Uhr ist, spielen wir im roten Salon nur noch ein wenig Karten, darunter ein lustiges Kartenspiel namens "Set" und ein Delfinquartett.

Tag 3: Trondheim, Kjeungskjaer Fyr und Stokksund

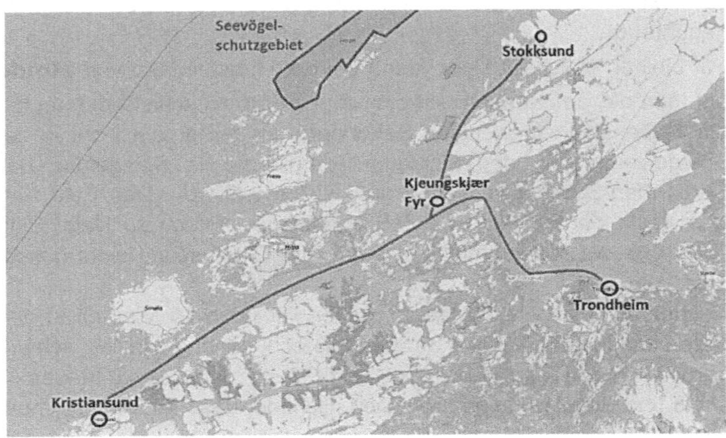

Der folgende Tag beginnt mit der Besichtigung der "MS Nordkapp", die neben uns in Trondheim am Kai festgemacht hat. Dieses neue Hurtigrutenschiff hat wirklich starken Kreuzfahrtschiffcharakter, aber ein Blick aufs Frühstücksbuffet zeigt, dass hier auch dieselben Brötchen gebacken werden. Ich bin froh über unsere "MS Lofoten", da durch sie der Charakter einer Seereise viel mehr zu Geltung kommt. Alles ist kleiner und persönlicher – man kennt sich schon. Und man ist hier dem Wasser viel näher! Nur den Kindern, denen hätte die "Nordkapp" schon besser gefallen. Aber Kreuzfahrten machen wir ja viele...

Als nächstes wollen wir **Trondheim** erkunden, und folgen zunächst dem ausgeschilderten Weg, vorbei am Musik-Museum, das gestern teilweise ausgebrannt und deshalb von allen Exkursionen gestrichen ist. Trondheim hat mit seinen Holzhäusern ja schon immer mit zahlreichen Bränden umgehen müssen, doch von außen sieht das Mu-

seum aus wie neu. Ich hatte mir einen schwelenden Holzhaufen vorgestellt! Scheinbar nur ein Zimmerbrand im Inneren. Über eine moderne Brücke laufen wir im Nieselregen durch das Zentrum Trondheims zum **Nidaros-Dom**.

Die eindrucksvolle Fassade mit den vielen Steinfiguren bewegt uns dazu, eine Eintrittskarte zu kaufen und auch das Innere zu erkunden. Und das lohnt sich, denn wir schließen uns einer englischen Führung an, die uns alles genau erklärt. Von der Gruft, über die Steinmeyer-Orgel von 1930 mit 9600 Orgelpfeifen bis hin zum Altarraum und den recht neuen Glasmosaiken in den Fenstern staunen wir über die Größe und Pracht des mittlerweile ökumenisch genutzten Domes. Über die be-

rühmte **rote Bybrua-Brücke** gehen wir durch das Hafenviertel **Bakklandet** mit den alten Speicherhäusern zurück Richtung Schiff. Gut 3 Stunden waren wir insgesamt unterwegs.

Infokasten Trondheim

Trondheim wurde im Jahre 997 als **Nidaros** gegründet (alt.-norw. Niðaróss= „Mündung", bezogen auf die Mündung des Flusses Nið). Im Mittelalter wurde die Stadt unter dem dänischen Einfluß in Trondhjem umbenannt. Nach der Unabhängigkeit Norwegens Anfang des 20. Jahrhunderts wurde die Stadt 1930 ohne Befragung der Bevölkerung in *Nidaros* zurückbenannt. Die Bevölkerung spaltete sich in *Nidaros*- und *Trondhjem*-Anhänger => ein großer Streit um den Namen der Stadt entbrannte. Schließlich einigten sich die 180 000 Einwohner mehrheitlich auf das neu-norwegische *Trondheim*.
Die Jahresdurchschnittstemperatur liegt bei knapp über 5 °C!
Trondheim war im Mittelalter ein wichtiger Wallfahrtsort für ganz Nordeuropa. Der norwegische König Olav II versuchte, die Bauern und Wikinger zum christlichen Glauben zu bekehren, wurde aber 1030 bei der Schlacht bei Stiklestad getötet. Olav II wurde heilig gesprochen und seine Überreste im Nidaros-Dom in Trondheim zur letzten Ruhe gebracht. In **Stiklestad** findet zum Gedenken an den Heiligen jedes Jahr Ende Juli eine gigantische Freilicht-Theateraufführung statt.

In den darauffolgenden Jahrhunderten wurde Trondheim mehrmals von Feuersbrünsten fast komplett vernichtet. Um nach dem vernichtenden Feuer von 1631 weitere große Brände zu vermeiden, sollte das neue Trondheim ganz im amerikanischen Style in der Art eines Schachbrettmusters mit zwei großen Hauptverkehrsachsen angelegt werden. Die Durchführung klappte nicht so ganz, so dass im Zentrum mitunter kleine verwinkelte Gassen anzutreffen sind. Die beiden Hauptachsen wurden jedoch realisiert und treffen sich auf Trondheims großem Marktplatz **Torget!**

Der alte Stadtkern liegt auf einer Insel, die im Norden im Kanalhafen *Kanalhavna* endet. Der am Land liegende Stadtteil **Bakklandet** ist mit der Zentrumsinsel durch die bekannte rote Holzbrücke Gamle bybroen verbunden. Dieser alte Stadtteil aus dem 17ten Jahrhundert besteht hauptsächlich aus alten Holzhäusern und stellt mit seinen Cafés und Boutiquen einen Magnet für Touristen dar.

Als wir bei der Hafenausfahrt an der **Insel Munkholmen** vorbeikommen, liegt die ehemalige Kloster- und Gefängnisinsel im hellen Sonnenschein vor uns. Aber im Land der Gore-tex-Jacken wundere ich mich über den spontanen Wetterwechsel gar nicht mehr. Ich mache viele fantastische Fotos, bevor ich in den blauen Salon zum Relaxen gehe. Die Kinder stärken sich derweil beim Mittagessen.

Infokasten Munkholmen

Bevor Sie in Trondheim anlegen, sehen Sie 2 km nördlich der Stadt im Trondheim-Fjord die Insel Munkholmen liegen. Ursprünglich war die Insel von Mönchen besiedelt, die darauf ein Kloster errichtet hatten. In späteren Jahrhunderten wurde die Insel jedoch auch als Gefängnis, Hinrichtungsstätte, Seefestung oder als Munitionslager während Kriegen benutzt! Im zweiten Weltkrieg – als Trondheim fest in der Hand der deutschen Besatzung war – waren hier mächtige Flakstellungen zur Luftabwehr installiert. Auf der unter Denkmalschutz stehenden Insel können die Burganlage und die Überreste aus der Kriegs-Vergangenheit besichtigt werden. Im Sommer fahren Ausflugsboote zur Insel, die von den Norwegern wegen

des beliebten Strandes gerne zum Schwimmen oder Sonnenbaden genutzt wird. Wunderschöne gepflegte Gartenanlagen und ein Café versprechen schöne Stunden auf der geschichtsträchtigen Insel! Der Besuch auf der Insel ist zu empfehlen bei schönem Wetter von Mai bis September.

Die Fahrzeit mit der Fähre beträgt ca. 10 Minuten. Die Fähre startet zwischen 10 und 16 Uhr am Fähranleger Ravnkloa im Norden der Innenstadt-Insel.

Infos zum Fahrplan und Preisen unter
http://www.munkholmen.no/munkholmen_i_dag.htm

Das schöne Wetter bleibt uns treu, als die MS Lofoten spätnachmittags am **Kjeungskjaer Fyr** vorbeifährt. Dieser rote Leuchtturm – inmitten zwischen den unzähligen Schären-Inseln – ist eines der beliebtesten Fotomotive der Hurtigrutenreisenden.

Infokasten Kjeungskjaer Fyr

Ein Stück nordwärts von Trondheim passieren Sie den wohl meist-fotografiertesten Leuchtturm auf Ihrer Reise: den Kjeungskjær Fyr. Dieser rote achteckige Leuchtturm liegt auf einer winzigen Schäreninsel im Bjugnfjord vor Ørland. Der 21 Meter hohe Leuchtturm stammt aus dem Jahre 1880, ist aber seit den 80er Jahren nicht mehr bewohnt und steht unter Denkmalschutz. Man kann ihn aber als „Ferienunterkunft" mieten: er verfügt über 6 modernisierte Schlafzimmer!

Das Leuchtfeuer des *Kjeungskjær Fyr* ist aber wegen der Mitternachtssonne nur von Ende Juli bis Ende Mai in Betrieb!

Bei anhaltend gutem Wetter fahren wir wenig später in den Stokksund ein: unsere Lofoten ist ja klein und wendig, aber die Kapitäne der *Finnmarken* oder *Trollfjord* müssen Meisterarbeit leisten, um durch den nur 40 Meter breiten Sund zu navigieren. Natürlich stehen alle an Deck, um auch dieses Schauspiel zu fotografieren!

Infokasten Folda und Stokksund

Nach dem Leuchtturm fahren Sie in den Streckenabschnitt *Frohavet* ein: der unermessliche Reichtum an Heringen in dem mit Schären übersäten Meeresarm führte zu der stark ausgeprägten Fischerei der Gegend. Im zweiten Weltkrieg tobte hier ein erbitterter U-Boot-Krieg zwischen alliierten und deutschen U-Booten.

200 km weiter draußen im Meer liegen auf dem norwegischen Kontinentalschelf die gigantischen Erdöl- und Erdgasfelder der Haltenbank-Terrasse. Hier thronen die Bohrinseln auf Betonpfeilern in den Ölfeldern, z.B. im Åsgard-Feld, im Heidrun-Feld oder im Kristin-Feld.

Gegen 16 Uhr (nordgehend) erreichen Sie den Stokksund! Das Manövrieren im Slalomkurs vorbei an den vielen Inseln des engen kurvigen Sundes ist eine große Herausforderung für die Kapitäne! Mit der Schiffshupe signalisiert der Kapitän das Einfahren in den schmalsten Teil des Sundes: er ist so eng, dass keine zwei Schiffe hindurchpassen würden! Man ist den Inselchen so nahe, dass man glaubt, in einem Sprung hinüber hüpfen zu können! In einer gewagten Slalomfahrt geht es zwischen den engen Felswänden und Inseln hindurch. Teilweise ist die Fahrrinne nur 40 Meter breit, und wegen der vielen Untiefen ist hier außerordentliche seemännische Kunst gefragt! Kaiser Wilhelm II – ein großer Norwegenliebhaber und -unterstützer – soll hier mal auf seinem Schiff „Hohenzollern" die Nerven verloren und dem Lotsen ins Steuer gegriffen haben. Dass die „Hohenzollern" hier aber dennoch nicht havarierte, ist dem Lotsen zu verdanken, der sich gegen den Kaiser durchsetzte und weiter navigierte. Es wird erzählt, aus Dank für die gelungene Passage hätte der Kaiser dem Lotsen später sogar noch eine goldene Uhr geschenkt.

Im Anschluss an die fantastische Inselwelt fahren Sie unter der **Stokksundbrücke** durch.

Immer höher werden die landeinwärts liegenden Buckelberge, bis gegen 18 Uhr beim Leuchtturm Buholmråsa die Einfahrt in das Folda-Meer beginnt. Die **Folda** ist eine 50 km lange offene Seestrecke zwischen dem Leuchtturm Buholmråsa bis ein Stück südlich von Rørvik. Da diese Stelle ungeschützt zum rauen Atlantik liegt, geht es hier– je nach Seegang – auch schon mal etwas turbulenter zu! Sie brauchen für die Überquerung dieser anspruchsvollen Meerenge ca. 2 Stunden. Bei den Einheimischen wird die Folda auch „Schiffsfriedhof" genannt: 1962 ging auch ein Schiff der Hurtigrutenflotte hier verloren. Damals verloren 41 Menschen ihr Leben, weil mit den Notsignalen der vom Kurs abgekommenen MS Sanct Svithun (1950) gleichzeitig falsche Koordinaten an die herbei eilenden Retter gesendet wurden!

Beim Abendessen haben wir zwar noch schönes Wetter, doch wir durchqueren die offene Seestrecke "Folda". Deswegen schaukelt das Schiff ganz schön (der Horizont rast unablässig rauf und runter) und ich nehme prophylaktisch eine Reisekrankheitstablette. Danach hat auch der Rentierbraten noch Platz!
Nach dem Abendessen lernen wir eine amerikanische Familie kennen, die ein paar Kabinen weiter wohnt. Diese ist viel geräumiger –

dagegen sind wir eingepfercht wie Sardinen! Das nächste Mal muss ich den Decksplan genauer studieren, denn es ist dieselbe Preisklasse…

Die Amis nehmen gleich mit Begeisterung an unserem Kartenspiel *Set* teil und es kommt ausgelassene Stimmung auf. So ganz umreißen sie die Regeln noch nicht, doch die Laune ist sehr gut! Doch schon nach ein paar Runden treffen wir auf die "MS Finnmarken", die in Rørvik neben uns vor Anker liegt. Die wollen wir uns natürlich anschauen! Man muss sagen: sie ist genau wie die "MS Nordkapp" von heute Mittag, nur mit einem Swimmingpool anstatt Sonnendeck auf Deck 7. Sämtliche Bars und Lounges sind wie bei einem Schwesterschiff angeordnet... Trotzdem schön , dieses moderne Hurtigruten-Schiff einmal sehen zu können!

Tag 4: Polarkreis, Bodø, Saltstraumen

+ Magic Ice

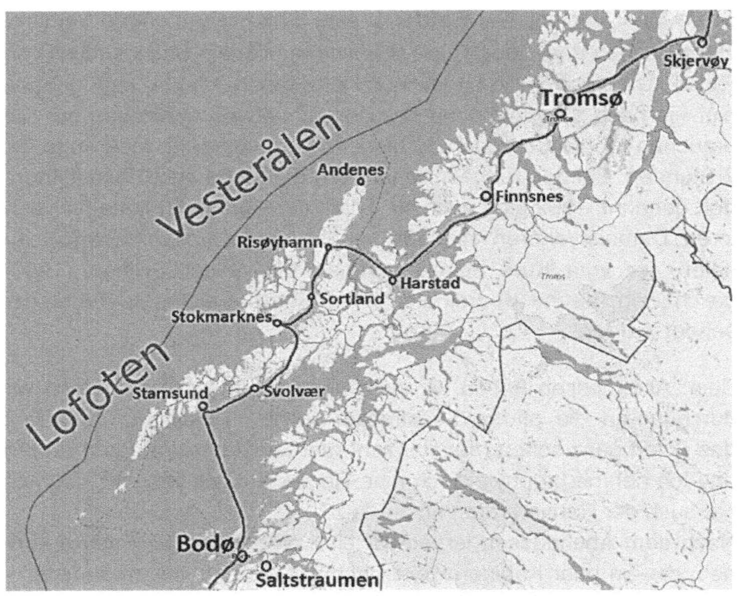

Auch heute klingelt der Wecker wieder sehr früh, denn zwischen 06.30 und 08.00 Uhr werden wir den **Polarkreis** passieren. Wann genau wissen wir nicht, denn es ist ein Quiz, wer den genauen Zeitpunkt am exaktesten errät. Wir haben je einen Spielschein abgegeben, aber da man es scheinbar auf die Sekunde genau erraten soll, sinken die Chancen ins Unendliche. Also sitzen wir – mit minimaler Verspätung – kurz nach halb sieben im roten Salon. Wir haben den Polarkreis auf unserer Hochzeitsreise vor 17 Jahren schon einmal überquert, doch damals an Land auf der E6. Die in Norwegen so populären Steinhäufchen und ein Denkmal konnten wir dort auch sehen. Das SEHEN wird heute ein Problem: zwar gibt es auf See ein Polarkreisdenkmal auf einer Insel backbords, doch draußen zieht so eine Nebelsuppe umher, dass man rein gar nichts sieht – außer Nebel und Regen. Ich weiß, in Norwegen klart es auch schnell mal wieder auf, doch im Moment kann man sich das nur schwer vorstellen. Und dann ist es soweit: wir sehen tatsächlich den Metallglobus!

Damit sind wir jetzt in der Polarregion!!!

Im Hintergrund der kleinen Insel sieht man den **Berg Hestemannen**. Ein Blick auf die Uhr verrät uns ein Schlamassel: beim Sohn ist es 7.19 Uhr, bei mir 7.22 Uhr und bei der Tochter 7.23 Uhr! Mal sehen wie auf der "MS Lofoten" die Uhren ticken, denn ich hatte 7.23.07 Uhr getippt und habe somit Chancen auf den Sieg!

Infokasten Polarkreis

Auf der **Insel Hestmannøy** steht das Polarkreisdenkmal: ein Globus aus Metall auf einem Steinsockel. Hier auf dem Breitengrat 66°33'55" beginnt das Reich der Mitternachtssonne!

Um 8.15 Uhr treffen wir die südgehende MS Polarlys, die wie gewohnt mit dem Schiffssignalhorn begrüßt wird.

Der nächste Hafen ist **Ørnes**. Es regnet noch immer, deswegen begnügen wir uns, an Deck zu gehen. Es steigt eine Familie zu/etwas wird eingeladen – das war's. Der Ort ist wirklich sehr klein, aber

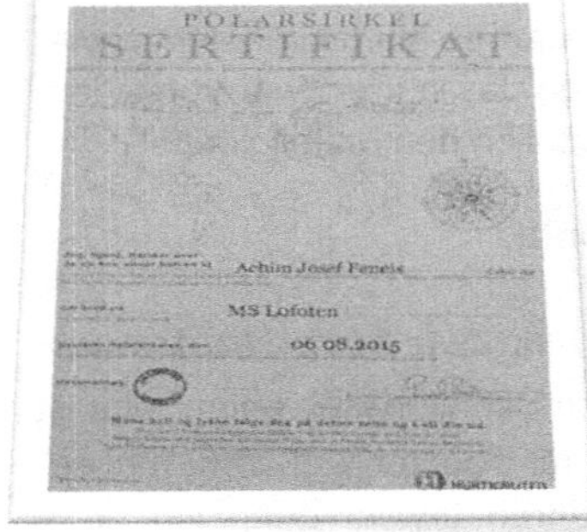

schön gelegen. Schon nach 5 Minuten nimmt unser Postschiff wieder Fahrt auf.

Gegen Mittag – als auch der letzte Passagier aus der Koje gekrochen ist – findet bei Nieselregen am Außendeck die **Polarkreistaufe** statt. Gewonnen hat das Quiz übrigens ein Italiener, der nur 24 Sekunden neben der korrekten Zeit (7:21:07) lag – wir immerhin exakte 2 Minuten. Der Tourleiter liest eine Geschichte über Neptun vor, danach wird mit großem Hallo "King Neptun" gerufen. Man darf vorne auf einer Stuhlreihe Platz nehmen und erhält wahlweise vom Käpt'n oder King Neptun eine Kelle Eiswasser in den Rücken. Ein neues Crewmitglied bekommt gleich den ganzen Kübel drübergekippt.

Die MS Lofoten steht sogar im Guinessbuch der Rekorde als das Schiff, das am öftesten den Polarkreis überquert hat!!!

Nach 10 Minuten ist das ganze Spektakel vorbei und wir sitzen wieder im warmen roten Salon mit bestem Blick nach draußen. Mit Karten spielen und Landschaft-beobachten vergehen die Stunden. Ich sehe kurz eine große Rückenflosse in den Fluten vorüberziehen – schätzungsweise ein kleinerer Wal (vielleicht ein Schweinswal, die kommen hier wohl häufig vor). Bevor wir jedoch die Kamera zücken und einschalten können, ist das Tier schon wieder verschwunden. Hatte wohl keinen fotogenen Tag erwischt. Die Kinder ärgern sich sehr, denn sie hatten ihre Nasen in den Karten drin.

Der Regen geht den ganzen Tag weiter. Die Kinder und ich machen einen RIB-Boot-Ausflug zu Seeadlern und dem Gezeitenstrom Saltstraumen.

Infokasten
Saltstraumen

Ein faszinierendes Naturschauspiel, das seines Gleichen sucht, ist der Gezeitenwechsel *Saltstraumen*. Durch den 2,5 km langen und nur 100 Meter breiten Sund schießen alle 6 Stunden beim Gezeitenwechsel ungefähr 400 Millionen Kubikmeter Meerwasser durch die Meerenge zwischen dem *Saltenfjord* und dem *Skjerstadfjord*. Das Wasser dieser Region ist durch die Strömungen in unablässiger Bewegung, nur für ein kurzes Zeitfenster befindet sich das Meer im Ruhezustand. In Höchstzeiten schießt das Wasser mit über 40 km/h durch die Meerenge und bildet gigantische – bis zu 10 Meter breite und 5 Meter tiefe – Strudel. Somit ist „Saltstraumen" der stärkste Gezeitenstrudel der Welt! Die Strudel können auch von der Brücke „Saltstraumenbrua" aus beobachtet werden, die sich über den Sund spannt.

Andere gehen derweil im Nieselregen hinein nach **Bodø**. Die Stadt selbst hat nur wenig (eigentlich gar nichts) Kulturelles zu bieten. Auch die typischen bunten norwegischen Holzhäuser fehlen, der Hafen ist geprägt von Industrie und die Innenstadt von gewohnten Betonhäusern. Kein Vergleich zu Bergen oder Trondheim! Immerhin gibt es ein riesiges Einkaufszentrum.

Als ich mit den Kindern zurück an Bord bin, erzählen sie allen Interessierten von ihrem Trip: Sie haben See- und Fischadler gesehen, Quallen und auch die berühmten Gezeiten-Strudel des Saltstraumen. Auch das RIB-Boot hat die Kinder begeistert: Sicher verpackt in Schutzanzug, Mütze, Handschuhe und Brille ging' s mit Highspeed hinaus aufs Meer. Sowieso sind sie sich sicher, die Ersten in ihrer Klasse im Polarmeer zu sein!

Hurtigruten-Landausflug Saltstraumen

Mit den beiden Kindern im Alter von 12 und 14 Jahren hatte ich mich rechtzeitig zu dem Saltstraumen Ausflug im Speedboot angemeldet. Für die Kinder gibt es immerhin einen 25-%-Rabatt.

Wer für den Saltstraumen die richtig heftigen Wasserbewegungen sehen will, der sollte sich aber vorher die Gezeitenwechsel-Tabelle ansehen. An Tagen mit besonders hohem Tidenhub, wenn der Mond der Erde bei Voll- oder Neumond besonders nahe ist, ist die Wasserbewegung am intensivsten, aber eben auch nur viermal am Tag...

Die Hurtigrute hat in Bodø angelegt, ein paar Minuten zu früh sogar. Schnell runter vom Schiff und in die kleine Holzhütte, die direkt am Kai steht und bereits geöffnet ist. Mehrere Mitarbeiterinnen der Firma „Polaric" nehmen uns freundlich in Empfang und statten uns mit Mützen, Schutzbrillen und Handschuhen aus. Allerdings passt die Schutzbrille nur, wenn ich meine „normale" Brille abnehme, deshalb entscheide ich mich, die Sehhilfe hier zu lassen, denn ich möchte nicht ein zweites Mal in diesem Jahr eine Brille an das salzige Nass verlieren. Auch einen Thermo-Overall und eine Schwimmweste erhalten wir. Gerade bei Overall und Schwimmweste brauchen wir dann aber doch etwas Hilfe von den Polaric-Damen, trotzdem sind wir schnell umgezogen. Gummistiefel brauchen wir nicht, da wir bereits Halbschuhe tragen, was ausreichend sei, wie man uns erklärt. Nebenan liegen die beiden Speedboote aufgetankt am Steg.

„Vorsicht, rutschig!", ruft uns die deutsche Tour-Führerin im mittleren Alter zu, als wir die ersten Passagiere sind, die auf der schräg liegenden Planke zum Steg hinab steigen, „Die Kinder sitzen im Boot ganz vorne!".

Das lassen sich die beiden nicht zweimal sagen, sie waren ja von Anfang an auf die vordersten Plätze scharf und nehmen die erste Reihe in Beschlag. Alle deutschsprachigen Gäste in ein Boot, Norweger und englischsprachige in das andere. Hinter meinem Sohn nehme ich selbst meinen Platz ein, danach füllt sich das Boot schnell mit den restlichen Teilnehmern. Un-sere blonde Führerin, sie stammt aus Flensburg, erklärt uns noch kurz die Verhaltens-weisen im Boot. Wer anhalten will, aus welchem Grund auch immer, weil ihm schlecht wird oder weil er einen Adler gesehen hat, der hebt die Hand, ohne zu winken.

Dann startet der Motor, Leinen los, wir laufen aus. Im Hafenbereich dürfen wir aber nur 5 Knoten fahren.

„Als Erstes wollen wir zum Saltstraumen fahren, denn die stärkste Strömung dort war um 11:00 Uhr am Vormittag. Nun werden mit jeder Minute die Strudel schwächer, bis das Wasser ganz zur Ruhe kommt", informiert uns die Führerin, während sie das mit etwa 14 Personen besetzte Boot langsam durch den Hafen steuert. Kaum ist der Hafenbereich überwunden, beschleunigt das Boot auf wahnwitzige 30 Knoten (knapp 60 km/h) und braust durch die ruhige See. Nach 5 Minuten aber stoppt das Boot, die Flensburgerin kommt nach vorne und erklärt uns einiges zur politischen und geologischen Geschichte der Stadt Bodø. Hier sei der nördlichste NATO-Militärflughafen. Mehrmals im Jahr üben hier internationale Streitkräfte für den Ernstfall. Auch in die zweitgrößte Krise im kalten Krieg (nach dem Kuba-Konflikt) sei Bodø verwickelt gewesen. Denn in den 70er Jahren war ein US-Höhenaufklärer von einer Sowjetrakete auf dem Weg von Pakistan nach Bodø abgeschossen worden, der Pilot konnte später in Berlin am Checkpoint Charly gegen einen KGB-Agenten ausgetauscht werden. Die Sowjets kündigten damals an, wenn die Spionageflüge nicht enden würden, gäbe es Atombomben auf Pakistan und Bodø. Alles interessant, aber wir wollen doch direkt zum Saltstraumen und dort noch möglichst gewaltige Strudel sehen!!

Endlich geht es weiter, das zweite (norwegisch/englisch besetzte) Speedboot übernimmt die Führung, so dass wir im Kielwasser einen Vorgeschmack auf 30 Knoten bei bewegter See erhaschen können. Nach einigen Minuten sind wir gut durchgeschüttelt am Ziel und fahren, bestaunt von vielen Zuschauern am Ufer, direkt unter die Saltstraumen-Brücke. Die Strudel sind noch klar zu erkennen, auch wenn unsere Führerin meint, die wären schon recht schwach. Wir drehen einige langsame Runden unter der Brücke, während meine Tochter ihren Handschuh auszieht und mit ihrer wasserdichten Kamera Aufnahmen macht.

Nach der Brücke sind viele Boote mit Anglern zu sehen. Unsere Führerin ruft einem Angler auf Norwegisch zu: „Beißen die Fische?" (oder so ähnlich). Da greift der Angler nach unten in sein Holzboot, steht kurz auf und präsentiert uns grinsend einen etwa 1,50 m langen Dorsch. Ein Raunen geht durch unser Boot, denn mit solch einem Kaliber hatte niemand gerechnet. Bei der anschließenden Weiterfahrt zum „kleinen Saltstraumen", einem Nebenschauplatz mit deutlich schwächerer Strömung, kommt dann eine Meldung per Funkgerät aus dem anderen Boot: „Schweinswale voraus!". Doch als wir dort eintreffen, ist nichts mehr zu sehen. „In den letzten Monaten hatten wir sogar zweimal Grindwale hier", erfahren wir noch, „und Schweinswale bleiben nur fünf Minuten unter Wasser". Jemand aus unserer Gruppe bemerkt: „Warten wir eben, es ist ja noch Zeit".

Ich halte intensiv Ausschau nach auftauchenden Walen, aber die  Meeressäuger sind verschwunden. Wir warten auch gar keine 5 Minuten, sondern fahren weiter ins Seeadler-Jagdgebiet. Mit fliegenden Adlern brauchen wir aber nicht zu rechnen, denn es nieselt ohne Unterlass und die Könige der Lüfte bleiben bei diesem Wetter lieber am Boden. Wieder kommt eine Nachricht vom norwegisch/englischen Boot per Walkie-Talkie, diesmal, dass ein Adler gesichtet wurde. Tatsächlich: Hoch oben auf einem Gipfelgrat entdecken wir in einem kahlen Baum einen großen, dunklen Schatten, der sich deutlich vom grau-weißen Horizont abhebt. Unser Wasserfahrzeug stoppt, bis alle ihre Fotos gemacht haben. Ohne guten Zoom wird jedoch nicht viel zu erkennen sein.

Dann geht es weiter mit High-Speed durch die Kälte, wobei Kopf und Ohren durch die Spezialmütze gut geschützt sind. Doch meine Schutzbrille ist mittlerweile trüb und fast undurchsichtig geworden, deshalb verzichte ich auf das Teil und drehe meinen Kopf nach hinten zur Seite, während mir eisige Wassertropfen schmerzhaft ins Gesicht peitschen. Aber ich will weitere Adler — oder sogar noch Wale — sehen. Hier im Uferwald ein dunkler Fleck, dann ein Stück Treibholz wie eine Wal-Finne, dort etwas schwarzes in einer Baumkrone… ein Adler? Oder ein Ast? Vielleicht etwas ganz anderes? Weil ich mir nicht sicher sein kann, sage ich besser nichts. Leider muss ich ohne meine Brille mit 90 % Sehkraft auskommen, dennoch will ich unbedingt ein Tier entdecken. Schließlich aber bin ich mir doch sicher, dass oben am Insel-Berg ein Greifvogel sitzt, und ich hebe die Hand geradeaus nach oben. „Adler, Adler!", rufe ich aufgeregt, der Motor wird gedrosselt, aber das Boot ist bereits zu weit gefahren, als dass der Vogel aus dieser Richtung noch zu sehen wäre. Wir fahren ein Stück zurück und ich brauche einige Sekunden, um die Stelle wieder zu finden. Da meldet bereits mein Sohn: „Ich sehe ihn auch!". Leider ist auch dieser Raubvogel extrem weit weg und wir machen nur kurz Halt.

Ein Stück weiter kommen wir zu einer besonderen geologischen Formation mit deutlich erkennbaren Gesteinsschichten, die irgendwie verdreht aus dem Wasser ragen.

„Nein, das ist nicht vulkanischen Ursprungs. In der letzten Eiszeit war alles hier von 2000 m hohen Gletschern bedeckt. Dies ist also durch extremen Druck entstanden!", wird uns erklärt.

Erst als das Boot sich weiter nähert, erkenne ich die scharfkantigen Steinzacken, die sich aus den Übergangsstellen der einzelnen Schichten herausgewaschen haben. Im Wasser unter uns schwimmen schwach leuchtende Quallen und werden sogleich fotografiert.

Erneut meldet sich das andere Boot per Funk. Ein weiterer Seeadler wurde gesichtet, diesmal nicht oben am Berg, sondern auf einem Pflock sitzend nur knapp über der Wasseroberfläche. Wir nähern uns auf etwa 20 m und meine Tochter kann das Tier perfekt knipsen. Gleichzeitig werden wir Zeugen des verzweifelten Versuchs einer offensichtlich in der Umgebung brütenden Möwe, ihr Revier gegen den übergroßen Eindringling zu verteidigen. Trotz der mutigen Angriffsflüge mit ausgefahrenen Krallen berühren sich die beiden Vögel aber dabei nicht. Der Adler sitzt mit stoischer Ruhe auf dem Holzpfosten und dreht nur ab und zu den Kopf, um eine angedeutete Hackbewegung in Richtung der anfliegenden Kamikaze-Möwe zu machen. Sogar unsere Tour-Führerin teilt uns mit, dass dieses Verhalten äußerst ungewöhnlich ist. Denn normalerweise greift ein um mehr als die Hälfte kleineres Tier den Seeadler niemals an.

Nach dem Stopp in Bodø ist der rote Salon nun wieder gut besetzt
mit Rucksacktouristen und norwegischer Bevölkerung. Das ist das
Einzigartige an der Hurtigrute – und ich glaube, auch gerade an der
MS Lofoten: man trifft Norweger, die hier leben – und nicht nur auf
andere Touristen und Filipinos, wie auf den Kreuzfahrtschiffen. Stets
bevölkert eine bunte Mischung das Schiff, die manchmal die selt-
samsten Sachen dabei haben. Seit heute Morgen in Ørnes zum Bei-
spiel, haben wir ein nigelnagelneues Außenbordmotor-Schlauchboot
auf der Back neben dem Laderaum stehen. Ein absolut arktisch-
seetaugliches Boot mit Führerstand und bestimmt 3 Metern Länge.
Bin mal gespannt, in welchem Hafen das wieder abgeladen wird.
Viele Familien fahren mit, und Rucksacktouristen sowieso. Dadurch
entsteht kein so abgeschotteter Mikrokosmos wie auf einem Cruise-
ship. Keine Security, kein Anstellen beim Landgang... man checkt
selber (!!!) aus und auch wieder ein und nimmt sich dann 'nen Sprit-
zer aus dem Hände-Desinfektionsmittel. Einfach locker!

Gegen Abend spielen wir noch eine Partie Hurtigruten-Brettspiel mit
unserer amerikanischen Freundin Bryana. Gut, dass alle Fragen in
Norwegisch, Englisch und Deutsch drauf stehen! Langsam wissen
wir schon etwas mehr über die Hurtigruten – das Spiel ist echt un-
terhaltsam!
Die MS Vesterålen zieht vorbei, auch eines der älteren Schiffe, bevor wir in den Hafen von **Svolvær** einlaufen. Wir dachten, hier ist
tote Hose – erst recht um 21.15 Uhr – und gehen eher geringer mo-

tiviert nach unserer Spielerunde von Bord. Doch weit gefehlt: unten an der Gangway steht ein Anwerber für die örtliche Eisbar im Hafenbecken, keine 100 Meter vom Schiff entfernt. Wir lassen uns – wie fast alle – locken und sind mega überrascht! Man muss einen Poncho und Handschuhe anziehen und betritt dann die Ausstellung **"Magic Ice"**.

Wahnsinn, was die Künstler hier alles geschaffen haben: durch tolle Lichteffekte bestaunen wir Schiffe, Meerjungfrauen, ein lebensgroßes Ruderboot (mit soooo realistischen Eis-Menschen) und Unmengen an Tieren und nordischen Figuren/Szenen. Thor auf einem Streitwagen mit Pferden – lebensgroß!! Die Kinder lassen sich auf einem Thron aus Eis ablichten! Richtige Tunnel, Höhlen und Gänge wurden geschaffen, mit Skulpturen bis unter die Decke. Es ist sehr dunkel und durch die effektvolle bunte Beleuchtung kommt das Eis fantastisch zur Geltung! Der krönende Abschluss ist eine Bar aus Eis: wirklich alles – vom Tresen bis hin zu den Trinkbechern – sind aus glasklarem Eis! Hier hat es den Kindern sogar fast noch besser gefallen als auf der Saltstraumen-Safari.

Doch damit für heute nicht genüg: gegen 23 Uhr erleben wir einen herrlichen Sonnenuntergang – die Sonne taucht einen Berg mit seinen Nebelschwaden in mystische lila und rot-Töne.

Kurz vor Mitternacht fahren wir in den **Trollfjord** ein. Es gibt sogar noch einen kleinen Mitternachts-Snack an Deck: die Trollfjordsuppe! Scharf, heiß und lecker! Der Fjord selbst ist die zweite – sprichwörtlich sagenhafte – Überraschung des Abends. Mittlerweile haben wir ja schon den einen oder anderen Fjord durchkreuzt, so dass wir hier etwas Ähnliches wie bisher erwartet haben. Doch der Trollfjord ist wirklich tausendmal umwerfender als seine "Kollegen". Er ist wirklich mega eng, der Fjord, so eng, dass ich mir nicht vorstellen kann, wie da ein größeres Schiff als unsere kleine Lofoten durchpassen soll! Die Berghänge des Fjordes sind nicht schroff, sondern eher wellig und von sattem grünem Moos überzogen. Dazwischen wabert der Nebel – mich hätte es nicht gewundert, wenn hier ein Troll hervorgehüpft oder ein Drache um die nächste Kurve geflogen wäre. Eine Landschaft wie aus einer Fantasywelt!

Auf halb eins hin – es ist immer noch hell! – gehen wir dann doch Richtung Bett, wollen doch am nächsten Tag nix verpassen. Wir machen uns gerade auf den Weg 5 Stockwerke nach unten in den Bauch des Schiffes, da treffen wir unseren Kellner, der in zivil gerade die Treppen HOCH steigt. Strahlend grüßt er uns und wir fragen ihn auf Englisch (er ist einer der wenigen von der Crew, der kein Deutsch kann), wo er hin will. Er lacht, deutet auf einen Gang und meint in seine Kabine auf Deck 5, also das oberste Deck! WOW, DAS sollten mal die Crews von Ozeanriesen erfahren – die leben beengt in Minikabinen unterhalb der Wasserlinie im Bauch des Schiffes! So wie wir hier!!! Und der Kapitän, der saß in zivil einen Tisch weiter im roten Salon, hat auf seinem Handy rumgetippt und den Raftsund und Trollfjord genossen. Was ist dieses Hurtigruten-Schiff doch so anders als alle anderen...

Tag 5:

Tromsø, Polarmuseum

Tja, jetzt hat sich der wenige Schlaf der letzten Nächte gerächt: wir haben alle (!) verschlafen und den kompletten Hafen von Harstad mit der "MS Richard With" verpasst. Aber trotzdem bin ich noch irgendwie müde. Gerade mal zum Auslaufen sind wir rechtzeitig an Deck. Ein Schwall kalter nordischer Luft vertreibt jedoch die letzte Müdigkeit aus den Knochen...

Ich versuche, die **Kirche von Trondnes** zu finden – eine berühmte Stabkirche kurz hinter der Hafenausfahrt von Harstad – doch ich finde nur eine Insel mit Leuchtturm und einer Kolonie brütender (und deswegen kreischender) Möwen.

Zu unserer Freude klart das Wetter auf und bald fahren wir im strahlenden Sonnenschein nach Norden. Da bieten sich natürlich viele schöne Fotomotive! Wir legen im Hafen von **Finnsnes** an, aber es bleibt nur genügend Zeit, um sich mal kurz die Beine zu vertreten. Für nordische Verhältnisse (vor allem hier in der Finnmark) ist es doch ein großes Städtchen, das sich über beide Seiten des Fjordes erstreckt. Wir verbringen den Vormittag mit Lesen, Karten spielen und "Landschaft-bewundern".

Zum Lunch lässt sich die Küche der MS Lofoten nicht lumpen: es gibt grünen Salat, mit Mais, Lachs und Kaviar! Aber nicht, dass man den Kaviar in dem Salat suchen müsste: er ist über und über mit den schwarzen Köstlichkeiten übersät... auch die diversen großen Lachsplatten am Budget (geräuchert, gekocht, eingelegt...) sind's stets prall gefüllt. Wenn ich da an manche Kreuzfahrtschiffe denke, auf denen der Lachs scheibchenweise (mit einem Zwiebelring und einer dünnen Scheibe Zitrone) auf einer Mini-Untertasse in einer Glasvitrine stand und sich die Gäste wie wild darauf stürzten – hier in Norwegen sitzt man ja "an der Fischquelle" und ist wohl entsprechend großzügig. Grundsätzlich fällt es hier leicht, sich gesünder als zuhause zu ernähren, da es an allen Ecken Fisch und Käse gibt, viel Salat und Gemüse. Die ganzen zuckerhaltigen Sättigungsbeilagen wie Nudeln, Reis, Kartoffeln oder gar Süßspeisen sind nur gering bis gar nicht vertreten. Zumindest kann man sie problemlos vermeiden.

Die Kunst des Fischkochens, also DAS verstehen die Norweger. Und da unsere Tochter Vegetarierin ist, kreiert der Koch jeden Abend für sie ein Extra-Menü. Und zwar sehr aufwändig, also nicht Nudeln mit Soße oder in der Richtung. Gestern gab's gefüllte und überbackene Zucchini auf Gemüsebett!

Bei strahlendem Sonnenschein fahren wir nach **Tromsø** ein. Blendend weiß strahlt uns die Eismeerkathedrale entgegen und wir machen direkt an ein paar alten Holzhandelshäusern im Zentrum fest. In Tromsø ist Hochsommer, es ist wirklich sehr warm und jeder – allen voran die Norweger – rennen in T-Shirts rum. Allenfalls Touristen tragen teilweise noch Jacken...

Da wir von Bord schon schöne Aufnahmen von der **Eismeerkathedrale** haben (und nicht nochmal für eine Kirche Eintritt bezahlen wollen), schauen wir uns lieber das **Polarmuseum** an. Die eine Hälfte ist der Wal- und Robbenjagd gewidmet, was unserer Tochter (als Tierschützerin) gleich mal sauer aufstößt. Der zweite Teil ist aber Expeditionen in die Polregionen gewidmet – mit

Schwerpunkt auf Roald Amundsen. Schon immer hat mich dieser Polarforscher fasziniert, seine Ausdauer und seine außergewöhnlichen Ideen. Viele Originalteile von seinen Expeditionen mit der "Maud" und der "Fram" sind zu sehen und auch seine Expeditionen mit dem Luftschiff "Norge" werden gezeigt. Zeitungsartikel über

seinen tragischen Tod, als er seinen Freund Umberto Nobile retten wollte. Ein wirklich spannendes Museum, wenn auch für Kinder nicht so geeignet (wie das Hardangerviddamuseum), da man ein halbes Buch als Guide zu lesen bekommt – zusätzlich zu den Beschriftungen an den Exponaten. Und Bücher und meine Kinder – tja, das ist eine teilweise belastete Beziehung, zumindest von Seiten der Kinder aus...

Im nächsten Supermarkt nehmen wir nun endlich Wasser mit, da wir keinen einzigen Tropfen mehr besitzen. Ungeachtet des Preises von 12 NOK pro Flasche (fast 1,50 €!!!) kaufen wir 15 Liter ein, da wir morgen ans Nordkapp wollen und da wohl kaum ein Supermarkt stehen wird. Aber ohne Wasser geht eben gar nix!

Infokasten Tromsø

Wegen der geschützten Lage im Sund wurde bereits vor 9000 Jahren die Region von Menschen besiedelt. Eine der ersten gesicherten Aufzeichnungen stammt von dem Wikinger Ottar, der im 9. Jhdt. als der nördlichste Wikinger in Norwegen galt. Im zweiten Weltkrieg war Tromsø sogar für eine kurze Zeit die Hauptstadt Norwegens: als der Süden (und damit Oslo) besetzt waren...

Heute ist Tromsø (die Norweger sprechen den Namen *Trumsö* aus) mit über 70 000 Einwohnern die größte Stadt in Nordnorwegen.

Früher ein Zentrum für Wal- und Robbenfang sowie Startpunkt für Forschungsreisen (vor allem von *Fridtjof Nansen* und *Roald Amundsen*), haben heute hingegen die Forschung, der Dienstleistungssektor und der Tourismus stark zugenommen. Wichtig für die Stadt und die Umgebung sind das Universitätsklinikum und die diversen Hochschulen mit über 10 000 Studenten!

Im Sommer kann es in Tromsø auch mal richtig warm werden, im Jahr 1972 wurden über 30 °C gemessen! Doch die Jahresdurchschnittstemperatur liegt bei 2,5 °C – daher hat Tromsø auch den Beinamen „Eismeerstadt" oder „Hauptstadt des Eismeeres".

Das Bild der Innenstadt wird unter anderem geprägt durch die **Tromsøbrua.** Die über 1000 Meter lange Spannbetonbrücke von 1960 verbindet das Stadtzentrum auf der **Insel Tromsøya** mit dem **Festland *Tromsdalen*.** Leider gehörte die Brücke zu den beliebtesten Selbstmordzielen des Landes, deshalb wurde 2005 ein 2,5 Meter hohes Gitter gespannt...

Als Wahrzeichen Tromsøs gilt die berühmte **Eismeerkathedrale** von 1965. Sie stellt ein Symbol für die Polarnacht, die Mitternachtssonne und das Nordlicht dar, und besticht durch die schneeweiße moderne Dreiecks-Architektur (die aber auch stark an die Dörrfisch-Gestelle der Lofoten-Inseln erinnert). Die Eismeerkathedrale hat das größte Buntglasfenster in ganz Europa – das 140 qm große Mosaik besteht aus 86 Glasfeldern! Die Eismeerkathedrale liegt gegenüber des Hurtigrutenanlegers auf der anderen Seite des Sundes, es fahren aber die Buslinien 20, 24, 26 und 28 zur Eismeerkathedrale hinüber (sind auch im Hurtigrutenstadtplan eingezeichnet). Der Eintrittspreis beträgt 50 NOK, die Öffnungszeiten sind 9 – 18 Uhr.

Unweit der Eismeerkathedrale kann man mit der Seilbahn **„Fjellheisen"** auf den Berg **Storstein** hochfahren und bei klarer Sicht einen fantastischen Ausblick auf Tromsø und die Eismeerregion genießen. Das Kombiticket für „rauf und runter" kostet aber 150 NOK. Die Gondel fährt zwischen 10 und 1 Uhr alle halbe Stunde und benötigt für die Fahrt auf den 421 m hohen Berg ca. 5 Minuten. Oben angekommen erwarten Sie ein kleines Restaurant und einige Wanderwege. Die Buslinie 26 fährt von der Hurtigrute bis an die Talstation der „cable car".

Ein etwas versteckter Schatz von Trondheim ist das Polarmusem. Das Erdgeschoss widmet sich dem Wal- und Robbenfang der vergangenen Jahrhunderte. Viele Exponate, originale Ausrüstungsgegenstände von Harpunen (vor dem Museum am Kai!) bis hin zu Kleidungsstücken und einer „Überwinterungshütte" aus Spitzbergen tauchen Sie förmlich ein in den arktischen Winter. Der zweite und dritte Stock gibt dem Besucher einen umfassenden Einblick in die Expeditionen von Roald Amundsen. Das Museum hat von 9 - 17 Uhr geöffnet. Der Eintrittspreis für einen Erwachsenen kostet 60 NOK, ein Familienticket kostet 120 NOK. Das Polarmuseum liegt am Kai in Richtung Tromsøbrua und ist im Stadtplan der Hurtigrute eingezeichnet. Zu Fuß nur 10 Minuten vom Hurtigrutenanleger entfernt!

Wie wir an Bord feststellen, hat sich fast unsere gesamte Crew verändert: vom Kapitän bis zu unseren super-sympathischen Kellner Øyvind ist jetzt neues Personal an Bord, nur die Restaurantchefin, den Reiseleiter und wenige Andere erkennen wir wieder. Aber auch der Crew sei wohlverdienten Urlaub bei der Familie vergönnt (auch wenn es schade ist, dass sich unser Kellner nicht verabschiedet hat...). Die Norweger sind hier in Personalfragen sowieso sehr Mitarbeiterfreundlich, was man von den Kreuzfahrtschiffen nicht behaupten kann: hier arbeitet die Crew bis zu 9 Monate im Bauch des Schiffes im Kunstlicht.

Die Abendsonne scheint in den roten Salon und wir sehen steuerbords ein gewaltiges Gebirgsmassiv direkt am Fjord aufragen. Laut Karte muss es der **Ullsfjord** sein. Scheinbar gibt es hier nur wenige Dörfer — alles wilde Gebirgsnatur! Spät abends laufen wir noch in Skjervøy ein, dass

sich in einem smaragdgrünen Fjord befindet. Im Hintergrund die schneebedeckten Bergriesen tritt dieser kleine Ort der gewaltigen rauen Natur der Umgebung. Es gibt nur einen Hafenmitarbeiter, der – logischerweise – vor Stress rotiert. Er vertäut das Schiff, fährt die Gangway an das Schiff heran, lädt die Waren aus und bringt die neue Fracht (indem er wie ein Irrer mit seinem Gabelstapler in seinem kleinen Lagerterminal herum braust). Er ist noch ziemlich jung, vielleicht 20, und RENNT pausenlos umher, um die Abfertigung des Schiffes in der vorgesehen Zeit zu schaffen. Und an Deck beobachten ihn alle...

Tag 6: Honningsvåg, Wale in Kjøllefjord, Nordkyn

Das Wetter ist heute ein wenig trüb – also genau passend zur kargen arktischen Landschaft. Wir fahren durch den Magerøysund Richtung Honningsvåg. Die Berge sind nicht mehr so hoch, doch fehlen jegliche Arten von Bäumen und Sträuchern. Nur noch widerstandsfähige Flechten können in dieser Region noch überleben. Jetzt kommt zudem Nieselregen auf und umgibt das unwirtliche Land und das Nordkapp mit einem Regenschleier.

Bei Regen laufen wir quer durch die kleine Ortschaft **Honningsvåg**, die aber recht schmuck daherkommt. Hier gibt es Bäume (!!!) – im Gegensatz zur restlichen kahlen arktischen Vegetation – und in ihre Vorgärten pflanzen die Norweger typische deutsche Frühjahrsblüher als Sommerhighlight, z.B. üppig blühende Stiefmütterchen. Es gibt Läden für alles: von Blumen über Bücher und Souvenirs bis hin zu Angelbedarf, RIB-Booten und Snowmobilen! Dazu ein Nordkapp-Theater mit der Show "Where the world ends... there starts our life!" Man merkt deutlich, dass die Ortschaft vom Tourismus lebt, und prompt sehen wir ein italienisches Wohnmobil durch den Regen schleichen. Sonst ist heute hier nur wenig los: Norweger kann der Regen ja nicht schocken, aber Touristen umso mehr... Bei dem Regen hätten wir ja vom Nordkapp sowieso nichts gesehen.

Aber wir kommen bestimmt nochmal wieder, und da sprichwörtlich aller guten Dinge 3 sind, wird es dann bestimmt klappen!

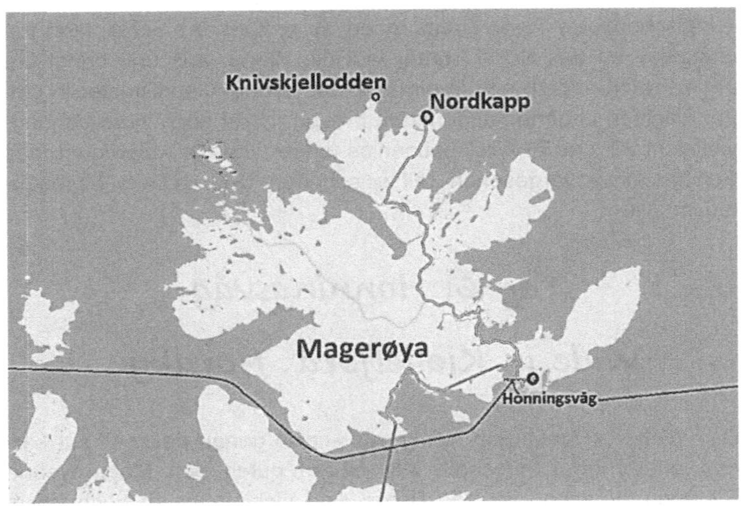

Infokasten Honningsvåg

Honningsvåg ist mit gut 2000 Einwohnern der größte Ort auf der ca. 6 km vor der Küste gelegenen Insel Magerøya. Der Name bedeutet *karge Insel*. Honningsvåg ist ein schöner kleiner Hafen mit einigen Geschäften und Restaurants.

Allerdings hat man den Hafen ziemlich schnell erkundet. Wollen Sie nicht zum Nordkapp, bietet sich ein Besuch der sehr bekannten **Arctico Icebar** an.

Die Bar ist an einen Souvenirladen an der Hurtigruten-Anlegestelle angebaut und ist bei Besuchern Honningsvåg sehr beliebt. Sie wurde 2004 das erste Mal gebaut und ist die nördlichste Eisbar der Welt.
Die Bar besteht komplett aus Eis und wird jedes Jahr aus echtem Polareis neu aufgebaut. Sie bekommen am Eingang einen roten wärmenden Umhang, um die -4°C im Inneren der Bar gut überstehen zu können. Die Wände und die Einrichtung (Hocker/Tische) be-

stehen aus kristallklaren Eisblöcken, die ausgefallene Inneneinrichtung ist mit Iglu, Hundeschlitten und Rentierfellen wirklich sehr toll gelungen.

Zwei Eisgläser mit Drinks sind frei. Es soll Glück bringen, sie beim Verlassen der Bar ins Meer zu werfen.
Gute Musik, freundliches Personal und eine atemberaubende Beleuchtung mit vielen blauen und roten Akzenten auf den Eisblöcken runden das Ganze ab und machen die Bar zu einem unvergesslichen Erlebnis.
Da die Eisbar sehr beliebt ist, werden nicht zu viele Gäste auf einmal eingelassen, damit es nie zu voll wird. Während der Wartezeit können Sie sich jedoch ein Video über den Bau der Eisbar anschauen.

Eintrittspreise: Für Kinder bis 12 Jahre bezahlt man 40 NOK Eintritt, Erwachsene zahlen 139 NOK (ca.15 Euro). Im Preis inbegriffen sind zwei nichtalkoholische Getränke in Eisgläsern.
Öffnungszeiten von 10.00 Uhr bis 15.00/19.30Uhr von April bis Oktober, danach wird die Eisbar geschlossen und im darauffolgenden Frühjahr komplett neu aufgebaut. Die Öffnungszeiten werden aber auch durchaus flexibel den Liegezeiten der großen Kreuzfahrtschiffe angepasst.
Adresse: Sjogata 1 A, 9750, Honningsvåg, Telefon: +47(78)471500

Mehr Infos und schöne Bilder unter *http://www.articoicebar.com/en/*

Jedes Jahr findet in der dritten Juniwoche in Honningsvåg das Nordkapp-Festival statt, das den neuen Sommer einläutet. Gutes Essen, Musik, Theater und Ausstellungen, aber auch sportliche Aktivitäten wie Hochseerafting stehen für eine Woche auf dem Festprogramm. Berühmt ist auch der beim Festival stattfindende 70 km lange Nordkapp-Marsch, ein sehr fordernder Volkslauf.

Nur wenige Gehminuten von der Anlegestelle der großen Schiffe entfernt befindet sich in der *Fiskeriveien 4* das Nordkapp-Museum. Es wurde 1982 eröffnet und beherbergt viele Exponate zur nordischen Kultur und Polarfischerei. Auch wechselnde Ausstellungen sind öfters zu finden, z.B. von einheimischen Künstlern.
<u>Öffnungszeiten:</u>
Sommersaison 1. Juni - 15. August: Mo - Sa: 10.00 - 19.00, So:

12.00 - 19.00
Restliches Jahr_Mo - Fr: 11.00 - 15.00, Sa/So geschlossen

Die größte Attraktion der Insel Magerøya ist natürlich das **Nordkapp**, das bei den Norwegentouristen ganz oben auf der Sightseeing-Liste steht. Der 300 Meter hoch aus dem Nordmeer ragende Felsen gilt landläufig als der nördlichste Punkt Europas.
Man kann für knappe 150€ einen von der Hurtigrute organisierten Ausflug mit dem Bus zum Nordkapp unternehmen. Sie stoppen bei diesem Ausflug auch bei einem alten Samen (= Ureinwohner Lapplands), bei dem Sie Souvenirs einkaufen und Fotos schießen können.

Preis-Tipp: Mit dem Bus **„The North Cape Express"** zum Nordkap fahren.
Die Abfahrt des Busses ist um 11.30 bzw.11.45 Uhr und die Rückkehr gegen 13.25. Der Bus passt seine Abfahrtszeiten je nach Jahreszeit immer der Hurtigrute an und startet bei der Turistinfo (Rådhusgata 12, Tel 09750) im Zentrum. Honningsvåg ist ein sehr kleiner Hafen, Sie können den Bus nicht verfehlen. Tickets können Sie im Bus oder auch in der Touristinfo kaufen. Der Eintritt ins Nordkapp ist im Fahrpreis übrigens schon enthalten!
Erwachsene zahlen 490 NOK (ca. 55€), Kinder bis 16 Jahre 245 NOK, Infos und Reservierungen unter
http://www.nordkapp.no/en/travel oder in der Touristinfo von Honningsvåg.

Ein großer Vorteil eines selbstorganisierten Ausflugs zum Nordkapp ist auch, dass man das Wetter berücksichtigen kann. Am Nordkap ist sehr oft Nebel, wodurch dann man rein gar nichts sieht und sich bei den Besuchern große Enttäuschung breit macht. Haben Sie nicht auf der Hurtigrute fest gebucht, können Sie bei schlechtem Wetter immerhin durch Honningsvåg bummeln.

Im Bereich des Nordkaps ist es sehr kalt und windig. Auch im Juli kann es durchaus einen Schneesturm geben und die Temperaturen können bis unter den Nullpunkt abfallen. Bitte denken Sie an warme wetterfeste Bekleidung! Auch bei gutem Wetter im Hochsommer sind Temperaturen unter 20° C zu erwarten.

Das Nordkap-Plateau: 1553 hielt der englische Seefahrer *Richard Chancellor* die Klippe für den nördlichsten Punkt des Abendlandes und nannte das auf 71°10'21" nördlicher Breite liegende Plateau Nordkapp. Die Klippe ist der nördlichste Punkt der Erde, den man auf einer Straße erreichen kann. Von hier aus sind es noch rund 2000 km bis zum Nordpol, dazwischen liegt nur noch die Insel Spitzbergen.

Der Globus: Die metallische Weltkugel auf dem Nordkap-Plateau hoch über dem Polarmeer ist das Wahrzeichen des Nordkaps und ein sehr beliebtes Fotomotiv. Manche klettern für das Foto sogar in den Globus hinein! Er markiert den nördlichsten Punkt des Kontinents.

Nordkaphalle: Die ersten Teile der Nordkaphalle wurden 1959 in den Fels hinein errichtet, seitdem wurde sie mehrmals erweitert bis der heutige 5000 qm große moderne Komplex entstand. Große Teile der Nordkaphalle befinden sich im Fels z.B. die Grotte und das Panoramafilm-Kino.
Die Nordkaphalle beherbergt eine Vielzahl an Attraktionen: eine Touristinfo, ein Restaurant, den Panoramafilm, ein Postamt, einen Souvenirshop, einige interessante Ausstellungen, die *Aurora-Borealis-Bar* sowie eine tolle Aussichtsplattform mit Panoramablick. Hier haben Sie auch bei Wind und Regen/Schnee einen schönen und vor allem wettergeschützten Ausblick – und schlechtes Wetter ist oft!

Auf der obersten Etage der Halle befindet sich die *Suite 71° 10´ 21´* für besondere Anlässe, z.B. Hochzeiten.
Im Sommer können Sie in der Nordkaphalle für 50 NOK das beliebte *NordkapZertifikat* erwerben, im Winter ist der Verkauf in der Touristinfo in Honningsvag. Auch eine Mitgliedschaft im *Royal North Cape Club* ist für 175 NOK möglich.

Panorama-Film: Der Film aus dem Jahre 2009 wird in kurzen zeitlichen Abständen im dritten Untergeschoss der Nordkaphalle auf einer Panoramaleinwand ausgestrahlt und zeigt das Nordkap im Wechsel der Jahreszeiten. Auch vom Polarlicht und der Mitternachtssonne sind wunderschöne Aufnahmen zu sehen. Der Film dauert 14 Minuten und kann auch im Souvenirshop gekauft werden.

<u>Die Grotte:</u> Die Grotte ist durch einen *Tunnel* mit der Nordkaphalle verbunden. In dem Tunnel finden Sie einige Schaukästen zur Geschichte des Kaps und die kleine St.Johannes-Kapelle. Sie ist die nördlichste ökumenische Kapelle der Welt, hier finden auch immer wieder Trauungen statt. Im Tunnel zur Grotte liegt auch ein thailändisches Museum, zur Erinnerung an den Besuch des thailändischen Königs.

Die Wände der *Grotte* selbst bestehen aus Schieferfels, durch eine große Panoramascheibe haben Sie einen grandiosen Ausblick auf das Polarmeer. Innen befindet sich ebenfalls die urige Bar „Grotte". Bei vielen Besuchern ist es Tradition, diesen Augenblick mit Champagner und Kaviar zu genießen.

Tip: Zwar gibt es auf dem Nordkap einige Cafes/Restaurants, doch sind die Preise sehr norwegisch. Wenn Sie diese hohen Kosten scheuen, sind Sie gut beraten, sich eine Wasserflasche und einen kleinen Snack mitzunehmen, zumal Sie nach 3 Stunden ja schon wieder auf ein Schiff mit Vollpension zurückkehren.

Weitere Infos sowie einen Lageplan zum downloaden finden Sie auf http://www.visitnordkapp.net/

Wie zu erwarten ist beim Mittagsbuffet fast kein Gast zugegen, da fast alle gesammelt zum Nordkapp gefahren sind. Die Reisenden hatten aber Glück, denn während der "Fotozeit" war gute Sicht und kein Regen. Nur 10 Minuten später soll es laut Horst wieder "zu" gewesen sein und zu nieseln begonnen haben. Das Buffet ist stark abgespeckt und heißt "van gestern" – zumindest macht es so den Eindruck!

Nachmittags lässt der Regen nach und die Sicht wird wieder besser, auch wenn der Himmel noch tief mit Wolken behangen ist. Wir kommen an dem markanten Vogelfelsen **Sværholtklubben** vorbei. Durch die eigentümlichen Felsformationen an seiner Seeseite sieht er wirklich ganz anders aus, als die ansonsten so sanft gewellten Hügel des Nordens. Saftiges Grün wallt an seinen Hängen hinab, doch Vögel sehen wir – außer 2 Möwen – keine... nicht mal die sonst so häufigen Papageientaucher!

Infokasten Papageientaucher

Die lustigen schwarzen Papageientaucher sind von der Inselwelt der Lofoten und Nordnorwegen nicht wegzudenken. Auch wenn man die schwarzen Vögel von Bord des Hurtigrutenschiffes aus nur ganz klein sieht – so kann man spätestens nach dem Start des Vogels mit Sicherheit sagen, ob das beobachtete Tier auch wirklich ein Papageientaucher ist: die sind nämlich bekannt für ihre Startschwierigkeiten! Während alle anderen Vogelarten mehr oder weniger elegant abheben, wirkt das Startmanöver der pummeligen Papageientaucher eher wie ein unmittelbar bevorstehender Absturz! Gute 50 Meter flattert der Vogel an der Wasseroberfläche hektisch dahin, und schafft es entweder zu fliegen, oder lässt sich wieder behäbig ins Wasser plumpsen. Wegen ihres ungeschickten Flugverhaltens und den knall-orangen Schnäbeln haben die Papageientaucher ihren Spitznamen Clowns des Meeres abbekommen!

Wir fahren in eine dichte Nebelbank. Unser Reiseleiter preist uns die **Finnkjerka** an – die Finn-Kirche. Eine Felsformation, die als eine der schönsten Klippen der Welt gelten soll, liegt dort im Nebel versteckt. Nach einiger Zeit wird in dem undurchdringlichen nassen Weiß tatsächlich ein Felsen sichtbar, der wie eine Kirche (Schiff + Glockenturm) aussieht. Der weiße Nebel gibt zu dem schwarzen Felsen der Finnkirche sogar einen guten Kontrast ab und es werden doch noch schöne Fotos!

Infokasten Finnkjerka

Finnkjerka heißt übersetzt schlicht und einfach „Finnkirche". Man nimmt an, dass die große und die kleine Finnkjerka eine alte Kultstätte der Samen (Finnen) sind, an dem auch Opfer gebracht wurden. Der Umriss der ungewöhnlichen Felsformation „Finnkjerka" ähnelt dem Turm und dem Schiff einer Kirche. Die Finnkjerka gilt als eine der schönsten Meeresklippen Norwegens, seit geraumer Zeit wird sie nachts wunderschön beleuchtet.

Wir fahren in den Hafen von **Kjøllefjord** ein.

An der üblichen Durchsage des Reiseleiters hängt noch ein *"im Hafenbecken wurden kleinere Wale gesehen"* mit dran. Wir stürmen nach draußen und tatsächlich schwimmt ein grau-schwarzer Wal mit seinem Kalb ziemlich nahe beim Schiff. Immer wieder kommt er an die Oberfläche, stößt Luft aus und taucht dann wieder ab. Dann ist er wieder eine Zeitlang verschwunden, bis alle – im strömenden Regen, den aber jetzt keinen mehr sonderlich interessiert – an die andere Schiffsseite hetzen, weil der Wal nun da gesehen wurde. Die Kinder sind glücklich, denn die Delfine in Südeuropa sind – vom 13. Deck eines Kreuzfahrtschiffes aus gesehen – winzig klein. Aber hier an Deck 3 oder 4 der MS Lofoten - da sieht man das Tier traumhaft schön! Leider stehen zu viele Leute herum und die meisten Fotos, die ich in der Hektik fabriziere, sind auch noch unscharf! Aber ein paar wenige aufregende und scharfe Bilder sind gelungen.

Seit Bodø / Tromsø ist es sehr ruhig geworden an Bord: viele Passagiere haben ihre Reise hier schon beendet, und Tagesgäste sind auch rar geworden. Inzwischen haben wir schon Stammplätze im roten Salon: vorne in der Mitte – mit perfekter Sicht über den ganzen Bug des Schiffes. Praktisch: mit Steckdose (Tablet laden) und Tisch (Karten spielen).

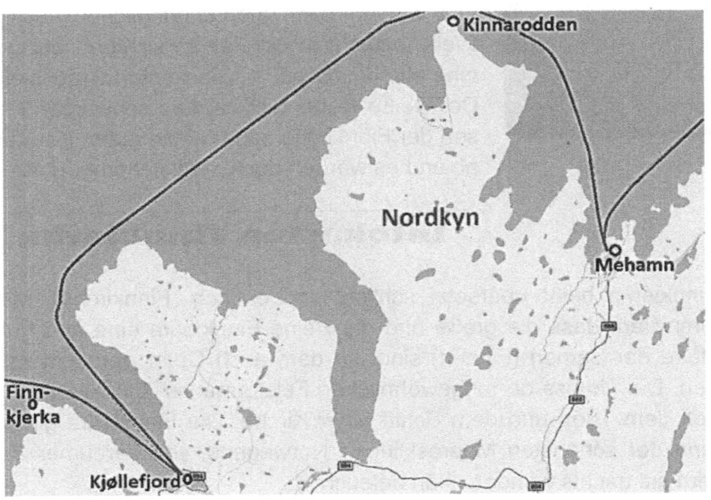

Nebel zieht wieder auf, als wir am **Nordkyn** vorbeifahren. Schon auf unserer Hochzeitsreise wollten wir diesen Ort erreichen. Eine Wanderung schlug damals fehl, und für eine Bootsfahrt war uns das Kajak zu unsicher. Es ist zwar seefest, aber unsere nautischen Kenntnisse im Polarmeer sind mit Null gleichzusetzen. Damals konnten wir das Projekt nicht verwirklichen, aber heute konnten wir Kinnarodden zumindest vom Schiff aus sehen.

Infokasten Nordkyn

Die Halbinsel Nordkyn (auch Nordkinn genannt), ist der nördlichste Teil des europäischen Festlandes – das echte nördliche Ende Europas, wenn die Inseln außen vor bleiben! Bereits seit 9000 Jahren ist dieses Gebiet besiedelt, doch die heutigen kleinen Dörfer, die hauptsächlich vom Fischfang leben, sind nicht älter als 500 Jahre. Der aller-nördlichste Punkt wird **Kinnarodden** genannt und liegt auf 71°08'01" nördlicher Breite.

Er empfängt aber nicht jeden freundlich, denn *Kinnarodden* ist alles andere als einfach zu erreichen: zu Fuß muss man ab Mehamn eine 24 km lange schwierige Wanderung über ein karges, steiles Block-Gelände wagen. Nichts als Steine – weit und breit! Gerade bei schlechtem Wetter ist die Wanderung nicht ungefährlich. Es geht über schwierige Schotterabhänge, kleine Flüsse und das ein oder andere Schneefeld... ein Zelt, eine detaillierte Karte und GPS sind unumgänglich, denn den mit einem roten „T" markierten Wanderweg hat man nur allzu schnell verloren! Und dann ist man ohne Ausrüstung auch selbst verloren!
Im Winter geht es mit einem Hurtigruten-Landausflug etwas einfacher: ein Schneemobil bringt Touristen sicher nach *Kinnarodden* und zurück. Bis 2001 konnte man auf dem Weg noch das Wrack von einem Junkers-JU-88-Flugzeug aus dem zweiten Weltkrieg bestaunen.

Um 19.10 Uhr laufen wir in **Mehamn** ein, dem nördlichsten Hurtigrutenhafen, denn von hier aus nach Kirkenes nimmt der Breitengrad wieder ab. Für uns hat dieses kleine Fischerstädtchen eine besondere Bedeutung, denn Mehamn war der nördlichste Punkt unserer Hochzeitsreise vor 17 Jahren. Viel hat sich nicht verändert: es gibt noch die Bäckerei und die Fischfabrik, neu ist nur ein moderner Supermarkt. Die Häuser sehen noch aus wie früher und weit im Nordwesten sehen wir die Positionslichter des Flughafens leuchten. Herausragend für so ein kleines Dörfchen, einen richtigen Flughafen zu haben! Die Touristinfo – die uns vor so vielen Jahren gut auf unseren Touren beraten hat – gibt es leider nicht mehr. Nur noch einzelne zerfledderte Aufkleber an der Tür der Touristinfo erinnern daran.

Unser Zelt auf der Hochzeitsreise vor 17 Jahren – bei Mitternachtssonne auf der Klippe in Mehamn

Es verirren sich wohl nicht viele Menschen hierher ans Ende der Welt – von der Hurtigrute mal abgesehen. Doch ich kann nicht genug bekommen und laufe die Hauptstraße (es gibt auch fast keine andere) immer weiter hinab und mache Fotos. Ich sehe aber immer wieder auf die Uhr, da das Schiff ja nur eine dieser kurzen Ladepausen hat. Als ich bereits im Laufschritt auf dem Rückweg bin ertönt das Schiffshorn und signalisiert, dass die MS Lofoten bereit zum Ablegen ist. Ein Bus mit Ausflüglern überholt mich hupend und spuckt eine Handvoll Touristen auf den Kai, die flugs die Gangway erklimmen. Endlich komme ich auch zum Kai herabgerannt. In letzter Minute, die Busgäste begrüßen mich mit großem "Hallo" – sie hatten mich natürlich rennen sehen aus dem Bus. Nachdem nun wirklich alle wieder an Bord sind, sticht die MS Lofoten erneut in die neblige und regnerische See. Gegen 22.00 Uhr treffen wir beim Verlassen des Hafens Berlevåg die südgehende "MS Kong Harald". Das Schiff hat mächtige Schlagseite nach backbord, da der Wind kräftig aus Westen heranbläst. Die viel größere "MS Kong Harald" bietet da natürlich eine wesentlich größere Angriffsfläche als unsere kleine "Lofoten". Die Stimmung an Bord *drüben* ist für die späte Stunde ausgelassen: die Passagiere an Deck winken, rufen und zahlreiche Blitze zeugen uns davon, dass die MS Lofoten jetzt in einigen weiteren Fotoalben als das *kleine alte Hurtigrutenschiff* verewigt wird. Sie sticht aber unter den ganzen anderen großen und modernen Halb-Kreuzfahrtschiffen der Linie signifikant heraus!

Tag 7:

Kirkenes, Festung Vardøhus

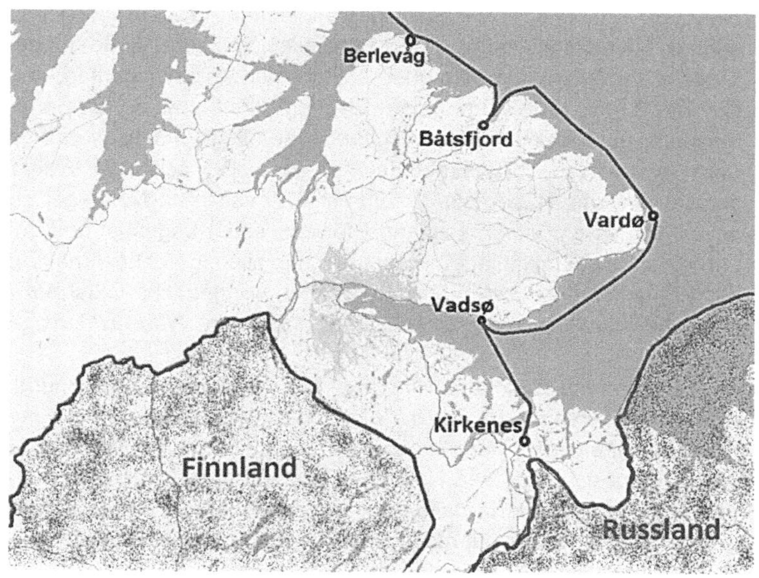

Wie mittlerweile nicht anders zu erwarten, regnet es auch heute. Noch dazu fahren wir ein Stück von der Küste entfernt, so dass man nach allen Seiten nur eintöniges Grau sieht. Mein Rucksack – der gestern nach dem Regenspaziergang in Honningsvåg klatsch-nass war – ist nun wieder trocken. In **Kirkenes** kann ich ihn also munter ein weiteres Mal durchweichen lassen. Hätte ich doch nur den wasserdichten Rucksack meines ältesten Sohnes mitgenommen! Aber sowas weiß man immer erst hinterher.

Kirkenes. Grenze zu Russland. Hier ist der Wendepunkt unserer Reise und wir sind gespannt auf den östlichsten Hurtigrutenhafen. Wie schon so oft lag an der Rezeption wieder ein kostenloser Stadt-plan von Kirkenes aus, doch so was richtig Außergewöhnliches springt uns nicht ins Auge. Also beschließen wir, zum "Entfernungs-schild" zu wandern. Da es regnet, entscheiden wir uns spontan, den City-Bus für 30 NOK zu nehmen. Er bringt uns bis zum Grenzland-museum, das oberhalb eines schönen Sees liegt, praktischerweise ganz in der Nähe des Entfernungsschildes. Bei schönem Wetter scheint hier das Naherholungszentrum für gestresste Norweger zu sein, denn es gibt einen schönen Uferweg, einen Lageplan und so-gar eine Wasserskianlage! Wenn wir mit allen gerechnet hätten: nicht in unseren wildesten Träumen hätten wir gedacht, dass diese arktische norwegisch-russische Grenzstadt eine Wasserskianlage besitzt!!
Das Entfernungsschild am Ufer des Sees ist eine Enttäuschung: modern, nichtssagend – ich frage mich, ob es überhaupt ein Foto wert ist. Auf einem althergebrachten Film sicher nicht, digital drücke ich doch auf den Auslöser. Narvik hat ein sehr ästhetisches Schild – und sogar am Strand in Italien haben wir ein tolles Fernreiseschild gesehen – aber HIER hat man sich nicht sonderlich viel Mühe gege-ben, etwas Attraktives zu schaffen.

Wichtig sind hier die vielen Denkmäler, die an den zweiten Weltkrieg erinnern. Wer einen Luftschutzbunker besichtigen will, bekommt in Andersgrotta die Gelegenheit dazu: für 100 NOK bekommt man eine Führung und einen Film gezeigt. Wir schenken uns das und schlendern im Nieselregen durch die (sonntäglich leere) Innenstadt zurück zum Schiff.

Hat uns Kirkenes gefallen? Schon. Es ist nicht schlecht oder dreckig – oder gefährlich. Aber irgendwie fehlt der Stadt der norwegische Charme, den die kleinen Lofotenstädtchen, Tromsø oder Honningsvåg versprühen.

Infokasten Kirkenes

Kirkenes heißt auf samisch *Girkonjárga*. Der Name *Kirkenes* setzt sich aus *kirke* (= Kirche) und *nes* (=Landzunge) zusammen, denn früher bestand die Stadt an der russischen Grenze nur aus einer Kirche und ein paar wenigen Häusern. Bis Ende des 20. Jahrhunderts war die Förderung von Eisenerz der wichtigste Sektor der Bergbaustadt Kirkenes, heute ist die Minenarbeit der Fischerei, dem Handel mit Russland, dem Dienstleistungssektor und dem Tourismus gewichen. Überall in der Stadt trifft man auf dreisprachige Einflüsse: norwegisch, finnisch und russisch. Das Klima ist rau in Kirkenes, denn der wärmende Golfstrom dringt nicht bis in den Varangerfjord ein. So friert oft im Winter das Meer zu, Eisbrecher müssen dann die Ankunft des Postschiffes sichern. Im zweiten Weltkrieg war Kirkenes als „Tor zum Osten" eine stark umkämpfte Stadt an der Eismeerfront. Überall in der Stadt findet man Überreste aus der Kriegszeit, z.B. das Russendenkmal und das „Denkmal für die Mütter im Krieg".

Der alte Luftschutzbunker „Andersgrotta" ist heute ein Museum und kann in einer halb-stündigen Tour besichtigt werden. Adresse: Krysset Presteveien Haganesveien, Kirkenes 9900, Eintritt 100 NOK, inklusive Führung durch den Bunker und einem Film.

Die Andersgrotta ist genau wie das Grenzlandmuseum und die Kriegsdenkmäler im Stadtplan von der Hurtigrute eingezeichnet!

Auch das „Grenzlandmuseum" gibt Einblicke in die bewegte Geschichte der Stadt. In wechselnden Ausstellungen erfahren Sie alles über den *Pomorhandel*, den Erzabbau und natürlich die Hintergründe im zweiten Weltkrieg. Sogar das russische Kampfflugzeug Iljusjin ist ausgestellt! Adresse: Foerstevannslia, Kirkenes 9900, Öffnungszeiten 9.30 - 17 Uhr.

<u>Bus in Kirkenes</u>: der Stadtbus (speziell für die Hurtigrute) fährt alle wichtigen Hotels, den Marktplatz und das Grenzlandmuseum an. Die einfache Fahrt kostet 30 NOK; hin und zurück 50 NOK. Der Bus fährt mittags wieder zur Hurtigrute zurück.

Kurz vor dem Hafen in Vardø herrscht wieder Aufregung an Deck: es wurde wieder ein Zwerg-Wal gesichtet. Unser Sohn hat sogar das Glück, ihn zu erspähen.

Am Kai von **Vardø** erwartet uns ein Soldat: er führt die Hurigru-

tengäste zur Festung **Vardøhus.** Wir kennen ja schon wirklich viele Festungen aus Deutschland und vor allem dem Mittelmeeraum – von Athen über die Alcazaba in Malaga und Dubrovnik – um nur einige zu nennen. Daher erwarten wir von der im Hurtigrutenprogramm angepriesenen *Festung* in dem kleinen Fischerstädtchen nicht allzu viel. Vor allem da man weithin keine uneinnehmbare Fortifikation sieht – viele Festungen wurden ja auf einem Hügel plaziert oder stechen durch ihre schiere Größe ins Auge – doch hier ist *nichts*... Doch der Eindruck täuscht: Nur 5 Minuten vom Hafen entfernt liegt tatsächlich eine sternförmige Festung. Tief schmiegt sie sich in die arktische Erde ein – ragt also nicht in die Höhe wie andere Fortifikationsbauten, sondern verschanzt sich hinter grasbewachsenen Erdwällen. Eine Festung NICHT aus groben und mächtigen Steinklötzen, sondern eine Festung, die sich wunderschön in die grüne Landschaft einfügt. Die Haupthäuser, das Gefängnis, das Arsenal: alles besteht aus den typisch norwegischen bunten Holzhäusern aus dem 18. Jhdt. mit grasbewachsenen Dächern. Man kann die komplette Festung auf dem Verteidigungswall ablaufen. Zugegeben: die Festung ist klein,

aber absolut sehenswert!! Vor allem für 30 NOK ein echtes Schnäppchen für Norwegen! Kinder sind sogar gratis...

Ein Soldat holt übrigens die Hurtigruten-Passagiere am Kai ab und bringt sie zu der nahe gelegenen Festung. Fußweg keine 5 Minuten. Der Eintritt kostet 30 NOK; Kinder sind gratis.

Infokasten Vardøhus

Die Festung Vardøhus ist die nördlichste Festung der Welt und zudem auch die östlichste Festung Norwegens. In konfliktreichen Zeiten sollte Sie als Schutz gegen die Russen dienen, die Entstehungszeit wird um 1330 herum angenommen. Im Mittelalter wurde die Festung für Prozesse und Hexenverbrennungen verwendet, ein Hexenmahnmahl erinnert an diese grausame Zeit.
Die heute zu sehende achteckige Sternform entstand 1738, einmalig sind die mit Stein verkleideten niedrigen Erdwälle, die dem Schutz vor Kanonen und Eindringlingen dienten.

Im zweiten Weltkrieg spielte die Festung auch noch eine Rolle: es war die letzte militärische Station, die die norwegische Flagge gehisst hatte. Und wehe, die deutsche Besatzung entfernte sich zu weit, dann wehte munter wieder die norwegische Flagge im Nordwind! Irgendwann wurde es den Deutschen zu bunt und der Kommandant kam in Arrest. Nur unschwer zu erraten: nach dem Ende der Besatzung war Vardøhus der erste Ort, an dem wieder die norwegische Flagge gehisst wurde...
Der Kommandant hatte aber noch eine zweite Passion: er kümmerte sich um den Vogelbeerbaum „Rogna" vor seinem Haus , der – dank umfassender Schutzmaßnahmen vor dem Salz im Winter – auch viele Jahre gedieh. Irgendwann konnte der Baum dem arktischen Klima

doch nicht mehr Stand halten. In den nachfolgenden Jahren wurden von Kindergartenkindern neue Vogelbeerbäume gepflanzt, die aber immer wieder das gleiche Schicksal ereilte, wie die große alte Eberesche...

Nur einmal wurde die nördlichste Festung der Welt tatsächlich angegriffen: von einem Jagdbomber während des zweiten Weltkrieges. Doch der Bomber traf nicht die Festung, sondern die winzig kleine Kirche direkt daneben, sowie das Haus des Kommandanten. Die Soldaten von Vardøhus wehrten sich und beschossen das Flugzeug. Nachdem der Navigator des Bombers getroffen war, drehte der Angreifer ab.... Heute hat die Festung Vardøhus gänzlich andere – aber genauso existenzbedrohende Probleme: das Militär will die läppischen 40 000€(!!) Unterhalt pro Jahr einsparen und die 4 Wehrpflichtigen und den Kommandanten abziehen. Die Einwohner Vardøs wehren sich, organisierten sogar eine Menschenkette, um "ihre" Festung zu erhalten. Es wäre schade, wenn diese kleine sternförmige wunderschöne Festung – die nördlichste der Welt – verfallen würde!!!!

Später erfahren wir, dass bei der zweiten Abendessenssitzung Schweinswale und sogar ein Finnwal gesichtet wurden. DIE haben wir jetzt allerdings verpasst... Wir bleiben heute noch lange wach, denn wir laufen ein zweites Mal in unserer "Hochzeitsreise-Stadt" ein.
Es hat aufgeklart und die See liegt spiegelglatt vor uns, als wir kurz vor 1 Uhr nachts in das noch immer helle Mehamn einfahren. Zwei Motorradfahrer brausen dröhnend an den Kai, um die „nächtliche" Hurtigrute zu sehen. Die Crew am Vorderdeck macht sich noch die Mühe, und wirft das Seil für das Tau hinunter. Am Bug wird gerade damit begonnen, die MS Lofoten festzumachen, dann ein kurzer Funkspruch des ersten Offiziers, der neben uns steht und das noch lockere Tau wird sofort wieder gelöst – und schon geht's weiter. Keine Fracht, keine Passagiere, direkte Weiterfahrt. Die zwei Motorräder donnern wieder davon und wir lassen Mehamn still hinter uns.

Wir bleiben noch wach, bis wir um das Nordkyn herum sind, dann gehe ich schlafen, denn am nächsten Morgen steht der langersehnte Ausflug zum Nordkapp „Frühstück am Norkapp" an. Außerdem treffe ich mit den Kindern einen alten Schulfreund, der nach Alta ausgewandert ist und der uns in Hammerfest erwarten wird. Alta selbst wird seit Jahren nicht mehr von der Hurtigrute angelaufen. Mein Schulfreund ist beruflich viel unterwegs und benutzt die Postschiffe als Transportmittel – so wie alle hier oben. Er ist mit einer Norwegerin verheiratet und spricht die Sprache fließend, lebt ja schon 20 Jahre hier. Warum haben wir das nicht gemacht???

Tag 8: Nordkapp, Porsangerfjord, Hammerfest

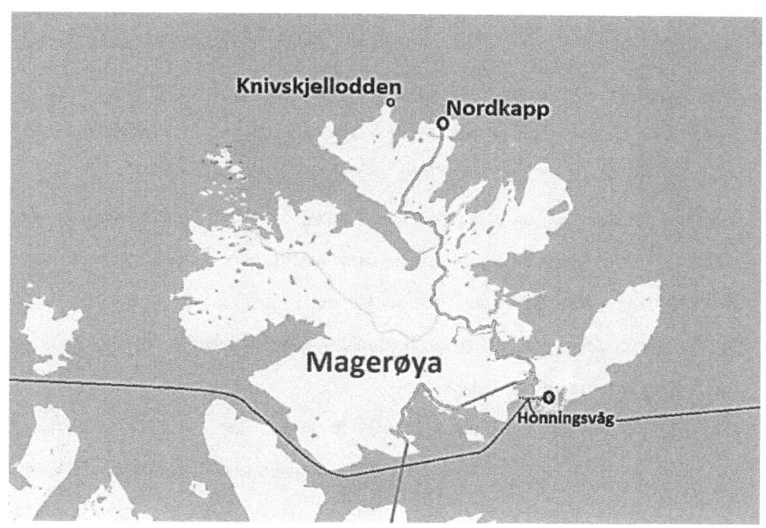

Hurtigruten-Landausflug

„Frühstück am Nordkapp"

Um kurz vor 5 Uhr bekomme ich den *Wake-Up-Call* vom Reiseleiter, doch ich bin sowieso schon gestiefelt und gespornt und setze mich noch bei gleißender Morgensonne in den Eisbärensalon.

Honningsvåg ist einer der größten Kreuzfahrthäfen Norwegens, über 110 Kreuzfahrtschiffe legen hier in der Saison an. Zu der frühen Tageszeit ist der „Hafen des Nordkapps" jedoch wie ausgestorben.

Wir werden von unserem Reiseleiter abgeholt und treten die 40 minütige Busfahrt über die Insel Magerøya zum Nordkapp an. Magerøya bedeutet so viel wie "Die Magere".

Mitten in der Wildnis sehen wir einen großen Hotelkomplex: das *Scandic*-Hotel wurde in Lillehammer anlässlich der Olympiade errichtet, nach den Spielen aber nicht mehr gebraucht.

Wohin mit dem Hotel? Wer braucht eines? Keiner? Also möglichst weit weg damit – zum Norkapp!

Das Hotel wurde demontiert und hier in der arktischen Wildnis

wieder aufgebaut. Es wird nun als Sommerhotel verwendet – obwohl die wenigsten Gäste bleiben, denn das Kapp ist fast ausschließlich für Tagesgäste bekannt.

Hier herrscht eine Vegetation, die sonst nur über 1000 Meter gefunden wird. Es ist jedoch keine richtige arktische Zone, da der Golfstrom seinen warmen Einfluss spüren lässt und das Meer ganzjährig auf 7 Grad Celsius aufwärmt. Mit 11 Grad Durchschnittstemperatur zählt Magerøya daher zur sub-arktischen Klimazone. Die Landschaft scheint aus purem Stein zu bestehen, überwuchert von Moos und Flechten, denn die Baumgrenze verläuft 100 km weiter südlich: was Großes wächst hier oben nicht mehr!

Das **Nordkapp** (North Cape) hat seinen Namen übrigens von Richard Chancellor, der Name stammt aus dem Englischen. Der

alte Wikingername Knyskanes ist nicht mehr in Gebrauch.

Das Nordkapp ist heutzutage touristisch breitgetreten. Früher nur mit dem Boot erreichbar, wurden die weiblichen Gäste damals von einheimischen Männern die Klippe hoch getragen. Später wurde die Nordkapphalle und die Straße gebaut, so dass seit den 90ern das Kapp für jeden erreichbar ist. Der geographische nördlichste Punkt ist jedoch nicht das Nordkapp, sondern die Landzunge Knivskjellodden. Sie kann nur mit einem Wanderweg erreicht werden: er startet an einem kleinen Parkplatz ca. 2 km vor dem Nordkapp. Der Wanderweg beträgt 20 km, also viel zu weit für diesen Ausflug...

Am Norkapp angekommen spurte ich sofort los, um Fotos zu schießen. Das Kapp ist verlassen, bis auf die 19 Leute, die unsere Tour ge-

bucht hatten. Die schönsten Aufnahmen vom Globus mache ich von der Säule aus – gut, dass wir nicht vor 2 Tagen im Nebel herge-fahren sind. Sogar der Busfahrer staunt über das Wetter, da um diese Uhrzeit das Kapp sonst immer wolkenverhangen ist. Nach unzähligen Fotos frühstücke ich im Nordkapprestaurant – wobei es hier genau das Gleiche gibt, wie auf dem Schiff: Lachs in verschie-denen Formen, Hering in Curry, Hering in Senf, Hering in Toma-ten, Hering mit Cranberries, ...

Ich besuche noch kurz die Nordkappkapelle und die Grotte mit ih-rer Licht-show, danach sitze ich fast alleine im Kino um den Pa-noramafilm anzusehen. Der Rest des Busses ist wohl beim Früh-stücksbuffet hängengeblieben...

Der nächste Stopp, nur wenige Kilometer vom Nordkapp entfernt, ist bei den beiden Samen Ana und Nils – und ihrem zahmen schwarzen Rentier. Die Rentierherde stellt für die Samen ein Sta-tussymbol dar. Aus *steuerlichen Gründen* kennt Nils die genaue Größe seiner Herde jedoch nicht! Wird eine größere Anschaffung geplant, z.B. ein Haus, werden entsprechend Rentiere verkauft.

Ansonsten wird stark darauf geachtet, die Herde immer zu ver-
größern. Das zahme Rentier und der Souvenirverkauf sind ein net-
tes Zubrot für Nils – er gilt als der meist fotografierteste und
reichste Same der Insel. Das „Unternehmen" wurde vom Vater ge-

gründet und wird seit
einigen Jahren vom Sohn
Nils weitergeführt. Im
Winter wohnt die Familie
mit ihrer Rentierherde in
Karasjok im Landesinne-
ren. An der Küste befin-
det sich die Sommerwei-
de der Rentiere, die hier auch kalben. Im Inland wäre es im Sommer für Rentiere zu heiß, die Milliarden von Insekten zu lästig.

Im Winter ist kein einziges Ren mehr hier auf der Insel, auch die
Straße zum Nordkapp ist gesperrt. Nur ein Spezialveranstalter bie-
tet Touren zum Nordkapp an. Wer zum Kapp will, muss auf den
Schneepflug warten und kann dann brav in der Kolonne hinter
ihm her fahren... Letzter Sommer war der heißeste seit etlichen
Jahrzehnten und alle Norweger haben dies auch für 2015 erwar-

tet. Doch dieses Jahr
war der kälteste Som-
mer seit langer Zeit, im
Durchschnitt liegt er
dieses Jahr weit unter
10 Grad!!!

Auch heute noch wird – aus Mangel an Holz – Treibholz aus Sibirien (zum Großteil Birke) gesammelt und als Feuerholz verwendet. Hauptsächlich wird das benötigte Holz aus Finnland importiert, doch früher lebten die Samen in effizienten und dem arktischen Klima angepassten Erdhöhlen/Erdbauten (die viel besser isoliert sind als moderne Holzhäuser). Diese Erdhütten waren für diese Gegend viel besser geeignet, doch wer will heute schon in einer Erdhöhle leben??

Eine Reihe von Tunneln verbindet die Insel Honningsvåg mit dem Festland. Der dritte Tunnel ist ein 7 km langer Unterwassertunnel und ist zweimal so tief wie der Eurotunnel!

Weiter geht die Fahrt nach Sarmes, wo früher auch die einzige Schule der Region war. Mit der Zeit zogen die Menschen jedoch weg, in attraktivere Regionen mit mehr Arbeitsplätzen. Die Häuser, die wir sehen, werden momentan nur als Wochenendhäuser benutzt. Seit letztem Sommer gibt es erstmals seit den 70er Jahren wieder Arbeitsplätze in Sarmes: es wurde hier eine Lachszucht errichtet! Die Parasiten Seeläuse treten hier nicht auf, deshalb gewann die Lachszucht an Bedeutung, v.a. weißer Lachs. Neben den Rentier-Sami gibt es noch die See-Sami, die sich der Fischerei und der Landwirtschaft verschrieben haben. Übrigens: "Lappe" und "Finne" sind Schimpfwörter, Sami ist die korrekte Bezeichnung der einheimischen Bevölkerung.

Wir fahren entlang des Porsangerfjordes, der bei dem tollen Wetter und der ruhigen See wie gemalt wirkt. Wir sehen sogar etliche Male Schweinswale, die die Ruhe des Fjordes genauso genießen wie

wir. Wir halten an einer Bucht, in der ein kleines Birkenwäldchen die Baumgrenze bewacht ☺

Aber: bei einer echten Tundra herrscht Permafrost – den gibt es hier natürlich nicht, doch Vegetation ist dieselbe!!! Entlang des ganzen Porsangerfjordes sehen wir immer wieder einzelne Schweinswale – mehr Tiere, als wir bisher auf dem Schiff gesehen haben!!!

Laut unserem Reiseführer fahren wir durch den grusligsten Tunnel Norwegens (er fürchtet sich vor Trollen hinter jedem rohen Felsvorsprung) und erleben am Ende wirklich eine böse Überraschung: Rentiere blockieren den Tunnelausgang! Ein kleiner Stau entsteht, bis die Tiere unmotiviert den Tunnel verlassen. Es ist heiß, und das schlaue überhitzte Ren sucht sich die kühlste Stelle der Umgebung. Genau: der Tunnel! Was für Touristen witzig und sensationell ist (und die Fotoapparate klicken lässt), stimmt die Einheimischen weniger froh, wenn sie täglich zur Arbeit müssen...

Nächste Station ist Russenes – und wie es der Name schon vermuten lässt, ist die Ortschaft eine russische Handelssiedlung. In der Zeit des Pomorhandels wurde hier hauptsächlich Stockfisch gegen Roggenmehl getauscht. Wir machen eine längere Pause bei einem Café und Souvenirshop, doch ich vertrete mir die Beine lieber ein wenig am Ufer des Fjordes.

Wir verlassen die E69 und den Porsangerfjord und biegen auf die E6 ab – die längste Europastraße in ganz Europa (Kirkenes-Rom). Statt Rentiere sehen wir nun Schafe und Kühe in der bewaldeten Tundralandschaft. Unser Reiseleiter freut sich sehr, etwas anderes als die alltäglichen Rentierherden zu sehen... Damit ist er wohl der einzige hier im Bus!!

Im Wald soll es sogar Elche geben, doch selbst mit größter Anstrengung kann keiner eines der großen Tiere entdecken.

Ein großes Hobby der ortsansässigen Bevölkerung ist das Fliegen-

Fischen an den beiden flachen Flüssen der Gegend. Viele Norweger haben hier Ferienhäuser, denn auch zum Wintersport, vor allem Langlauf, eignet sich die Porsangerhalbinsel hervorragend.

Die Landschaft verändert sich schlagartig – von dem steinigen kargen Land zu einem sattgrünen nordischen Paradies. Sie Sonne brennt jetzt wirklich heiß herunter, und ich laufe im T-Shirt rum! Zu der wilden nordischen Landschaft hören wir den traditionellen Joik-Gesang von der berühmten **Samisängerin Mari Boine**. Es passt, auch wenn ich zuhause andere musikalische Vorlieben habe. Aber hierher gehört Joik: die Sami-Musik, die früher Schamanen als ritueller Gesang diente und dann ganz profan von allen Samen gesungen wurde.

Nach der Hochebene erreichen wir den Kvalsund (= Walsund), früher ein Zentrum des Walfanges. Doch ab dem zweiten Weltkrieg wurde der Kvalsund bekannt für seine Kupferminen. Ein neues gigantisches Kupfervorkommen wurde vor kurzem neu entdeckt, eine neue Mine ist geplant, die auch viele Arbeitsplätze für die entvölkerte Umgebung bringen würde. Es gibt nämlich nur Fischer und Soldaten. Aus Profitgründen will die Betreiberfirma der Kupfermine jedoch ihren Müll direkt im Fjord entsorgen, was Proteststürme auslöste. Ein umstrittenes Projekt: Arbeitsplatz und Profit gegen einen sauberen Fjord und eine intakte Tierwelt.

Wer hat jemals behauptet, diese Tiere wären scheu?? Zumindest hier glauben sie, dass die Straße ihnen gehört... sie nehmen Autos und Busse nicht als Gefahr wahr. Zum Vergleich: die Insel Kvaløya (sie ist übrigens die fünftgrößte Insel Norwegens) zählt lediglich 1000 Einwohner – und 3000 Rentiere!!! Ständig kommen uns Tiere auf der Straße entgegen.

Vorbei geht es am Stallu, einer samischen Steinformation am Ufer des Fjordes. Die Kameras klicken, als plötzlich der Busfahrer Seehunde im Fjord sieht! Was für ein Trip – bei diesem Traumwetter definitiv jeden Cent wert! Immer mehr Rentiere blockieren die Straße, so dass es fraglich ist, wann wir zum Schiff zurückkommen. Die Einwohner von Hammerfest sind von den Rentieren extrem genervt, denn die frechen Tiere fressen nachts in den Vorgärten die Blumen weg. Hammerfest hat sich im Jahre 2005 für 5 Mio. NOK einen Zaun aus Australien (dort wegen Kaninchen in Verwendung) bestellt, aber schon bald kamen die pfiffigen Tiere wieder durch. Den schnellsten Weg zum besten Futter finden die (sonst als ein wenig dumm verschrienen) Rens erstaunlich schnell!

Als wir nach Hammerfest hineinfahren, passieren wir eine Metall-Viehsperre – Modell "Alpen-Kuh" – und tatsächlich schließt sich ein Zaun daran an. Immer wieder stehen Maschendrahtzäune zwischen den Häusern herum. Mit Erfolg: innerhalb von Hammerfest sehen wir ausnahmsweise wirklich kein Rentier.

Die Zeit reicht noch für einen Bummel durch Hammerfest und wir decken uns im Supermarkt mit Getränken ein.

Zeitgleich zum Nordkapausflug durften interessierte Passagiere den **Kapitän auf der Brücke besuchen**. Jedes Hurtigrutenschiff ermöglicht das auf der südgehenden Rute seinen Gästen, gerade die Kinder ließen sich diese Chance nicht entgehen. Der Käpt'n erklärt die grundlegende Steuerung des Schiffes und gibt Einblick in seine High-Tech-Instrumente: an nautischer Technik spart die Hurtigrute nämlich nicht! Gerade die MS Lofoten hat für ein Schiff ihrer Größe herausragende Technik an Bord! Auch individuelle Fragen beantwortet das Personal auf der Brücke bereitwillig – selbst noch so dumme Fragen wie: ,,Kann man mit dem Radargerät auch funken??"

Infokasten Hammerfest

Die meisten der 10 000 Einwohner von Hammerfst leben auf der Insel **Kvalø**. Der Name „Hammerfest" kommt vom Festmachen der Boote an einem Berghammer, einer steilen Klippe.
Früher blühte der Pomorhandel, sowie der Wal- und Robbenfang.

Auch als Stützpunkt für die Eisbärenjagd nach Spitzbergen war Hammerfest äußerst beliebt, deshalb prangt im Stadtwappen ein Eisbär auf rotem Grund. An der Straße am Ortsteingang steht die bekannte lebensgroße Eisbärenskulptur: das Wahrzeichen Hammerfests.

Eisbär, Eisbär, Eisbär: überhaupt dreht sich alles um den Eisbär!

<u>Keine Angst:</u> lebende wilde Eisbären gibt (und gab) es in Hammerfest nicht: die Plage sind die Rentiere!

Viele Nordlandreisende wollen Mitglied im **Eisbärenclub** werden (<u>= Isbjørnklubben / The Royal and Ancient Polar Bear Society)</u>. Praktischerweise liegt er gleich in der Touristinfo rechts des Hurtigrutenanlegers, direkt neben dem Hafentor. Angegliedert sind ein kostenloses Museum (mit einem ausgestopften Eisbären, Walknochen und vielen Infos) und ein Shop! Auf jeden Fall anschauen, die Ausstellung ist wirklich beeindruckend. Für einmalig 200 NOK kann man Mitglied im Eisbärenclub werden und erhält eine Anstecknadel und eine Urkunde. Mit dem Erlös wird Heimatforschung betrieben und das kleine Museum unterhalten. Wir verzichten darauf, denn *lebende Eisbären* werden mit dieser Mitgliedschaft keineswegs geschützt – das alles ist eher ein Gag für Touristen!

Heute nimmt der Tourismus drastisch zu und Hammerfest nennt sich werbewirksam „nördlichste Stadt" der Welt. Ob das aber nicht doch Honningsvåg oder eine andere kleine Stadt in Alaska sei, ist nicht abschließend geklärt. Solange ist Hammerfest weiterhin "Verdens nordligste by"! Die **Eismeerstadt**!

Hoch über Hammerfest erhebt sich der Berg **Salen**. Man kann den Aussichtsberg aber leicht zu Fuß erklimmen (nur 80 Höhenmeter über dem Zentrum), eine Treppe startet beim **Musikpavillion** (auch hier: Eisbärschnitzereien!).

Man kann die Treppe nicht verfehlen. Der Salen ist ein beliebter Aussichtspunkt, denn von hier oben hat man eine tolle Aussicht über die ganze Bucht!

Die Sonne bleibt uns treu, als wir nach Süden aufbrechen. Wieder werden Wale im Sund gesichtet, diesmal Grindwale. Wir haben wirklich Glück, denn schon bald können wir die Walsichtungen nicht mehr zählen: auch im Hafen von Øksfjord sehen wir Schweinswale – und ganz nah beim Kai sogar einen Seeotter. Wir bleiben noch lange an Deck – es ist ja auch lange hell – und so geht ein wunderschöner Tag an der norwegischen Küste zu Ende.

Tag 9: die Inselwelt der Lofoten und Vesterålen

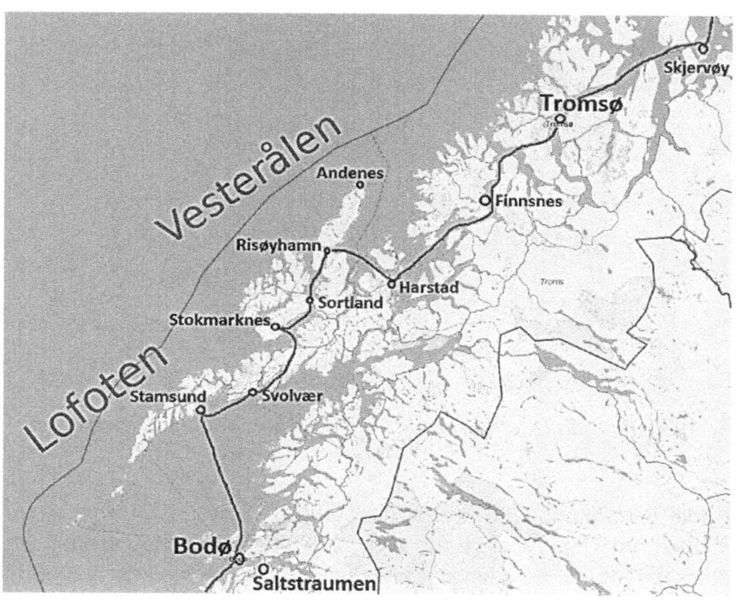

Wir haben Glück und auch an diesem Morgen begrüßt uns die Sonne. Am Kai von **Harstad** machen wir neben der MS Finnmarken fest. Da wir dieses Schiff ja schon nordgehend besichtigt haben, machen mein Sohn und ich einen Bummel durch Harstad. Viel zu sehen gibt es nicht in der typisch norwegischen Hafenstadt, doch entlang des Hafens kann man sich gut die Füße vertreten. Uns verblüfft vor allem eine typisch italienische Tradition, die ihren Weg ins nordische Harstad gefunden hat: die Bewohner spannen ihre Wäsche auf einer Leine von einer Straßenseite auf die andere! Für Südeuropa ganz normal, doch niemand aus dem Norden kommt normalerweise auf so eine Idee!

Wir fotografieren noch eine riesige See-Mine aus dem zweiten Weltkrieg, die mahnend am Kai steht und diverse Denkmäler – und natürlich die MS Finnmarken, die gerade ablegt und durch den sonnigen Fjord nach Norden fährt.

Im Hafen von Harstad, die MS Finnmarken verlässt gerade den Fjord

Heute ist es angenehm warm, deshalb legen wir uns in zwei Liegestühlen ans Heck. Mein Sohn versucht sein Glück erneut beim Frühstücksbuffet, denn vorhin war alles belegt. Ein Nachteil der "Lofoten":

im Restaurant sind oft alle Tische besetzt, und das Essen darf man nicht mit raus nehmen. Leider ist unser Junior abermals erfolglos und bleibt hungrig – und entsprechend motzig!
Ein alter Seemann sitzt mit seiner Bierdose am Kai und verabschiedet wild winkend und laut brüllend unser ablegendes Schiff: "Aye my friends, *have a nice journey and come back next summer!!!"* schreit er uns in tiefstem Seemänner-Britisch nach.

Nach der Hafenausfahrt soll backbords eine berühmte Festungskirche liegen: die **Trondenes-Kirche**. Nordgehend habe ich die Kirche im Nebel nicht entdeckt, doch auch bei strahlendem Sonnenschein bin ich am zweifeln, welches Gebäude nun die Kirche darstellen soll. Einen typischen Glockenturm hat sie zumindest nicht, und in Frage kommt am ehesten ein dreieckiges weißes Gebäude. Ich fotografiere es zumindest mal, und werde es zuhause mal im Internet nachschlagen.

Am späten Vormittag fahren wir in die **Risøyrenna** ein, einem knapp 5 km langen künstlichen Kanal. Teilweise ist die Wassertiefe hier sehr gering, nämlich 7 Meter. Das heißt nicht mehr als 3 Meter Wasser unter dem Kiel! Aber davon merkt man "von oben" natürlich nichts. Für die Schifffahrt innerhalb der **Vesterålen-Inseln** ist dieser ausgebaggerte Kanal jedoch sehr wichtig!

Ich dachte nicht, das ich es in einem Norwegen-Urlaub einmal sage: ES IST ZU HEISS! Nach zwei Stunden Sonnendeck flüchten wir trotz Sonnenschutz nach drinnen. Am Heck unter dem Windfang knallt die Sonne nur so herunter... in Deutschland hat es zurzeit 40 Grad – aber zu heiße Sonne in Norwegen, das ist schon ungewöhnlich! Unsere blauen Liegestühle finden aber sofort unter den anderen Passagieren, die an der Reling stehen, reißenden Absatz.

Am Ende des Kanals liegt das malerische Städtchen **Risøyhamn**. Rund um die Insel liegt ein Vogelschutzgebiet, viele kleine flache Inseln beherbergen unzählige Möwen, Kormorane und andere Seevögel. Da wir zu früh sind, haben wir sogar über eine halbe Stunde Zeit, um die kleine Ortschaft zu erkunden und viele tolle Bilder von dieser Insel der Vesterålen zu schießen. Die bunten Holzhäuser sind alle schmuck, kein

riesiger Betonklotz verschandelt das Bild von der norwegischen Idylle.

In neongelber Arbeitskluft beginnen zwei Crewmitglieder das Ladedeck am Bug zu renovieren. Von Hand schleifen sie die Farbe ab und streichen alles neu in leuchtendem weiß. Auch die Holzgeländer an Deck 5 werden heute bearbeitet, man tut wirklich viel an diesem Schiff. Umso trauriger, als wir am Frühstückstisch das Gerücht hören, dass Hurtigrute den Neubau eines Schiffes plant – und "unsere" MS Lofoten ausgemustert werden soll. Wir hoffen, dass dies noch lange nur ein Gerücht sei...

Jetzt geht es Knall auf Fall: kurz nach dem Mittagessen steht schon der nächste Hafen der Vesterålen an: **Sortland**! Zwar nur wieder ein kurzer Aufenthalt, doch wir entdecken eine Kolonie Seeschwalben, die in einem Geröllfeld brütet. Die aufgeregten Alt-Vögel fliegen kreischend um die Hurtigrutenpassagiere herum. Als alle vorbeigelaufen sind und auch wir uns ein Stück entfernen, kommen die Tiere zur Ruhe und wir können tolle Fotos von den ausgewachsenen Möwen und den Jungtieren machen.

Ein nahes Einkaufszentrum lockt uns und wir schauen uns kurz um – wir schaffen es sogar noch, einen 5-Liter-Kanister Wasser zu kaufen und rechtzeitig zurück am Schiff zu sein. Unsere Tochter nimmt in dem modernen Terminal einen englischen Prospekt über Outdoor-Aktivitäten der Region Sortland/Vesterålen mit. Ihr Englisch ist auf einmal erstaunlich gut – zumindest sobald sie einen Artikel über Walsafaris liest. Sie studiert und plant den restlichen Tag mit einer Landkarte des Prospektes und ist ganz aus dem Häuschen. Leider legt das Schiff schon bald wieder ab – aber garantiert kommt unsere Tochter eines Tages wieder auf die Vesterålen zurück, um in Andenes eine Walsafari zu machen! Sogar mein Sohn wurde vom Planungsfieber angesteckt und liebäugelt derweil mit einer Hurtigruten-Reise im Winter: die Weihnachts- und Geburtstagswünsche sind *Fernglas* und *Fotoapparat*. Prompt surfen alle auf der Hurtigruten-Webseite und checken, was es in den Ferien zu Weihnachten für Angebote gibt.

Wir fahren durch den **Sortlandsundet** nach **Stokmarknes**, der Heimatstadt des Hurtigruten-Gründers Richard With. Alle Passagiere der Hurtigrute haben die Möglichkeit, mit ihrer Bordkarte kostenlos das Hurtigrutenmuseum zu besuchen – alle anderen Besucher zahlen 50 NOK. Das Museum befindet sich direkt gegenüber des Hurtigrutenanlegers. Ein besonders faszinierender Teil des Museums ist die ausrangierte MS Finnmarken, die in der letzten Hälfte des 20.

Jhdts. als Hurtigrutenschiff entlang der norwegischen Küste fuhr.

Von Kabinen über den Speisesaal und die Decks bis hin zur Brücke kann außer dem Maschinenraum das ganze Museumsschiff besichtigt werden. Im Vergleich zu unserer MS Lofoten, die ja vor einigen Jahren renoviert wurde, kommt uns die *Finnmarken* vor wie ein Schiff aus der Zeit der Titanic! Das Hurtigruten-Museum selbst ist sehr modern gestaltet – mit sehr alten Exponaten.

Es ist faszinierend, die Originalteile aus vergangenen Postschiffzeiten live zu sehen. Allerdings hat man – wenn man wie wir Glück hat und früher anlegt – nur eine Stunde Zeit. Ohne Glück (und mit Verspätung) noch weniger.

Die reguläre Liegezeit des Hurtigrutenschiffes ist nämlich nur 45 Minuten. Es ist schier unmöglich, alle Ausstellungsräume und die MS Finnmarken in dieser Zeit in Ruhe zu erkunden. Vor allem die vielen Modelle der älteren – und auch der aktuellen Schiffe – würden mehr Zeit verdienen! So hetzt man im Laufschritt durch dieses Museum, das locker 3 Stunden Aufmerksamkeit verdient hätte.

Anschließend fahren wir durch eine der schönsten Passagen der Reise: Der 26 km lange Raftsund bildet die Grenze zwischen den Inseln der Vesterålen und den Lofoten. Auch einen Abstecher in den engen Trollfjord machen wir. Diesmal bei Sonne. Obwohl der mitternächtliche Trollfjord, versunken in Nebelschwaden, seinen ganz eigenen mystischen Reiz hatte.

Hier startet auch die **Seeadlersafari**. Noch bevor das Exkursions-Boot richtig abgelegt hat, kommt schon der erste Seeadler und umkreist das kleine blaue Boot. Wie unzählige Möwen auch. Natürlich kennen die Tiere die tägliche Fütterungszeit und kommen verlässlich (schließlich will der zahlende Seeadler-Safari-Tourist auch wirklich einen Adler sehen). So haben auch wir Gäste auf der "Lofoten" etwas davon. Schon bald lassen wir jedoch Boot und Adler zurück, denn auf uns wartet ja noch der Trollfjord, diesmal bei Sonnen-

schein. Doch ehrlich gesagt: so schön der sonnige enge Fjord tagsüber ist: um Mitternacht, bei Nebel, mit köstlicher Trollsuppe in geheimnisvoller Stille fand ich persönlich den Trollfjord tausendmal aufregender. Nachdem der Kapitän die kleine MS Lofoten gewendet hat – sogar ohne eine Gruppe Kajakfahrer und eine kleine Jacht umzumähen (die hier ebenfalls rangieren) – verlassen wir gemächlich die enge Meeresstelle.

Der König der Lüfte vom Trollfjord

Am Ausgang des Fjordes erwartet uns nochmal der Seeadler, der nun unser Postschiff umkreist. Der majestätische Raubvogel ist aber offensichtlich in das Revier einer Möwe eingedrungen, die den mächtigen Adler mutig attackiert und so lange nervt, bis er schließlich abdreht. Doofe Möwe – der Adler hätte uns ruhig noch ein Stück des Weges begleiten dürfen...

Infokasten Troll- fjord

Weil der Trollfjord eine der markantesten Landschaften entlang der Linie bezeichnet, wurde nach ihm das Hurtigrutenschiff „MS Trollfjord" benannt!

Direkt zwischen den zwei nordischen Inselparadiesen Vesterålen und Lofoten liegt der Raftsund mit dem 2 km langen Fjord Trollfjord. Die Einfahrt in den Fjord ist nur 100 m breit und von hohen, fast senkrechten, Felswänden umgeben, z.B. dem über 1000 m hohen Trolltindan und dem nur geringfügig kleinerem Blåfjell. Sie tauchen ein in das unwegsame Herrschaftsgebiet der Seeadler, die hier zwischen den Klippen und Wasserfällen viele Reviere haben. In der „Sackgasse" des Fjordes angekommen muss die Hurtigrute natürlich wenden – eine Meisterleistung von Technik und Kapitän!

Doch die vermeintliche Idylle trügt: einst herrschte 1890 hier ein erbitterter Krieg zwischen den traditionellen Fischern in ihren Ruderbooten und den kommerziellen Besitzern von Dampfschiffen. Die Dampfschiffe versperrten den Zugang zum Fjord, in dem reiche Beute wartete. Doch die Fischer ließen sich nicht alles gefallen und griffen die Dampfschiffe an – sie trugen sogar den Sieg davon! Doch der Konflikt zwischen herkömmlicher nachhaltiger Fischerei und der kapitalistischen Massenfischerei blieb – und wurde bis heute nur noch vergrößert!

Im Jahre 2013 lief die MS Kong Harald beim Wendemanöver im Trollfjord auf Grund und alle Passagiere mussten evakuiert werden!

Der letzte Hafen, für den sich heute noch das Aussteigen lohnt, ist Svolvær.

Da wir ja Nordgehend die *Magic-Ice-Bar* besucht haben, werden wir diesmal nur eine kleine Tour in die Innenstadt machen und uns mal überraschen lassen. Da die Abendessenzeiten (aufgrund etlicher Exkursionen) heute Abend ziemlich konfus sind, haben wir uns nur gemerkt, dass wir 20 Uhr an Bord sein müssen, falls wir was zum futtern abkriegen wollen.

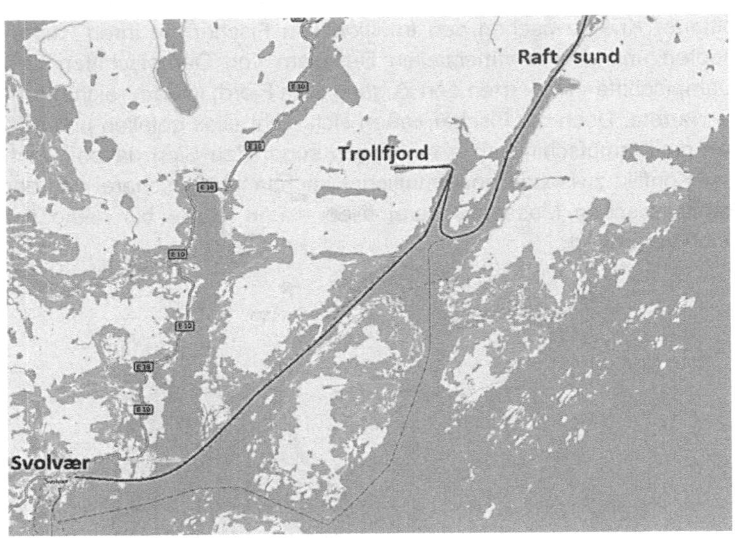

Wir machen uns auf zur Innenstadt, die gleich rechts beim Anleger liegt. Auf einem kleinen Markt kaufen wir den teuersten Elchschinken unseres Lebens – aber wann kommt man schon mal wieder hierher

und kann so etwas kosten?? In einem *Mix-Markt* – der Tante-Emma-Ladenkette, die in jede kleine Ortschaft präsent ist – treffen wir alte Bekannte wieder: unseren Kellner und den Maler, der heute das Deck gestrichen hat, sowie ein paar höhere

Offiziere. Teils in Uniform (Offiziere), teils in Heavy-Metal-Shirt (Kellner +Maler) kauft die Besatzung der "Lofoten" hier ihre persönlichen Sachen ein.
In dem netten Hafenviertel werden massenweise Bootsfahrten in die Inselwelt der Lofoten angeboten: mit Kanu, Jetski, RIB-Boot oder Seeadlersafariboot: die Lofoten muss man auf dem Wasser erkunden. Leider reicht eine Stunde Landgang dafür nicht aus... Wir kaufen noch ein paar Postkarten und schlendern dann zum Schiff zurück.

Während des Abendessens ziehen ein paar Wolken auf und das Schiff beginnt mit den höher werdenden Wellen zu stampfen. Solange man sitzt, merkt man es kaum – doch wenn man läuft, torkelt man ganz schön durch die Gänge.

Später sind wir noch an Deck, als wir in Stamsund anlegen. Die Amerikaner hatten den Ausflug „Lofoten mit dem Pferd" mitgemacht, und kommen nun begeistert auf das Schiff zurück. Man muss wohl nicht mal reiterische Vorkenntnisse haben, so gutmütig sind die Pferde.

Tag 10:

Polarkreis, Torghatten, Rorvik

Das Schiff stampft die ganze Nacht gegen die Wellen der norwegischen See an, deshalb gehen wir nach dem Hafen **Stamsund** ins Bett. Laut klatschen die Wellen gegen die Bordwand – genau da, wo mein Kopf gebettet ist, befindet sich auf der anderen Seite der Stahlwand die Brandung. Ein komisches Gefühl, ein komisches Geräusch, das monotone Klatschen der Wellen. Aber der Schiffsmotor dröhnt und vibriert ebenfalls vor sich hin, man hat sich daran gewöhnt und ich schlafe nach den ereignisreichen Tagen trotzdem sehr gut.

Ab 6 Uhr kann ich aber nicht mehr schlafen, bin putzmunter und möchte unbedingt sehen, was draußen los ist. Ich hangele mich am Geländer (gerade laufen ist unmöglich) hinauf in den roten Salon.

Das ganze Schiff scheint menschenleer, ich begegne niemandem. Nicht einmal die sonst allgegenwärtigen Rucksacktouristen liegen auf den Bänken herum. Ich nutze die Zeit, an einem meiner Romane weiterzuschreiben, den ich in letzter Zeit sträflichst vernachlässigt habe. Die Wolken ballen sich ringsum auf, auch wenn die Sonne noch manchmal hervorblinzelt. Es ist momentan nicht regnerisch – nur die See ist ein bisschen rau. Norwegisch eben! Nach einer Weile fängt es doch an zu tröpfeln und der Himmel wandelt sich zu einer grauen Masse. Da lag die *Resepsjon* mit ihrer Wetterprognose "Sonne mit ein paar Wolken" aber gehörig daneben.

Während wir in **Ørnes** anlegen, regnet es Bindfäden. Gangway ran – 3 Paletten klatschnasse Fracht rein – Gangway wieder weg. Das war's! Trotz des schlechten Wetters decken zwei hartgesottene Norweger gerade das Vordach des Hafengebäudes neu ein. Von uns will jedoch niemand von Bord, es ist einfach zu nass und zu kalt. Doch schon wenige Kilometer weiter südlich, zeigt uns das nordische Wetter, wie spontan es ist: die Sonne bricht durch und taucht die umliegenden Berge in Sonnenschein. Auch die See wird wieder etwas ruhiger, nur noch vereinzelte weiße Schaumkronen zieren die Wellen.

Dann werden bei der Polarkreis-Zeremonie nachher doch wieder Neptun und der Käpt'n ranmüssen, ansonsten hätte das Wetter die Sache selbst erledigt.

Doch nun lichtet sich der Himmel zu einem hellen und das Meer zu einem dunklen Blau, als wir der "MS Vesterålen" begegnen. Dem zweiten Postschiff, das etwas in die Jahre gekommen ist.

In Sichtweite hinter der MS Vesterålen liegt das Polarkreisdenkmal, wir passieren diese markante Stelle zum Glück wirklich bei Sonnenschein. Alle stehen steuerbord an Deck und fotografieren – ein Wunder, dass wir keine Schlagseite bekommen! Wenig später findet die **südgehende Polarkreistaufe** statt. Diesmal müssen wir uns aber nicht am Heck zur Eis-Bucket-Challenge einfinden, sondern in der Bar zum Lebertranschlucken. Als Andenken darf man seinen "Lebertranlöffel" behalten. Unser Sohn ist begeistert: der Stiel des Löffels hat die Form einer Wal-Fluke! Mit der arktischen Region verlassen wir auch den Sonnenschein: der Regen hat uns wieder – ein richtiges Aprilwetter heute! Kaum freut man sich über ein paar Sonnenstrahlen und blauen Himmel, fängt es auch schon wieder zu regnen an. Kurz vor Nesna regnet es – in Nesna scheint wieder die Sonne. Nach Nesna regnet es...

Nesna selbst ist eine sehr kleine Ortschaft, die aber einen ziemlich großen Jachthafen besitzt. Nicht nur die üblichen Fischkutter oder Ausflugdampfer, sondern richtig schmucke weiße Freizeitboote. An der Helgelandküste liegen etliche kleine Inseln vor schneebedeckten Bergen im Sund, und die Ufer zum blau-grünen Wasser sind flach abfallend: bestimmt ein schönes Revier zum Boot fahren!

Gegen Mittag kommen wir nach Sandnessjøen. Während der vorhergehenden Route gab es jeden Tag einen "großen" Hafen mit langem Aufenthalt – doch südgehend hat sich das geändert: wir fahren lauter kleine Häfen an, meist nur mit 15 - 30 Minuten Liegezeit und entsprechend hektischem Rumgerenne. Viel sieht man da nicht :-(

Wir schaffen es gerade mal in die Fußgängerzone in ein kleines Büchergeschäft. Sie haben wunderschöne Puzzles vom Meer, allerdings von der Firma Ravensburger und daher in Deutschland bestimmt günstiger zu bekommen. Zumindest eine Postkarte der "sieben Schwestern" nehmen wir uns mit, denn ob wir *die* in dem Nebel ausmachen können ist fraglich. Denn: im Moment regnet es und die berühmte Gebirgskette liegt ja unmittelbar südlich von Sandnessjøen.

Infokasten Sandnessjøen

<u>Sandnessjøen</u> hat knappe 6000 Einwohner und liegt im Norden der Insel Alsten, umgeben von vielen kleineren Schäreninseln. Die Stadt ist zwar ein Dienstleistungs- und Verwaltungsszentrum der Region, hat aber genau wie Brønnøysund touristisch nicht viel zu bieten. Die Bevölkerung lebt – wie so oft an der norwegischen Küste – von Fischfang, Tourismus und der Versorgung des Gasfeldes *Skarv*.

Als wir das Gebirge passieren, sehen wir zumindest 3 der sieben Schwestern. Die restlichen Schwestern sind ein wenig schüchtern und verstecken sich im Nebel. Jeder in Norwegen kennt die Gebirgskette "De syv søstre"!

Infokasten „sieben Schwestern"

Die Bergkette der „sieben Schwestern" erhebt sich 1000 m über das Meer. Die Namen der Granitberge sind Botnkrona , Grytfoten, Skjæringen, Tvillingene (Zwillinge), Kvasstinden und Breitinden. Diese haben sagenmäßig übrigens rein gar nichts mit den sieben Schwestern aus dem Geirangerfjord zu tun!
Die Wissenschaft schreibt übrigens auch hier – wie beim Torghatten – die Entstehung dem Wandern des Gletschers in der Eiszeit zu. Im Norden dieser Gegend befindet sich der bekannte Gletscher Svartisen!

Nächster Halt ist **Brønnøysund**. Wir bummeln durch ein überdimensioniertes Einkaufszentrum und schlendern dann entlang des Piers zur "MS Lofoten" zurück. Spektakuläre Erkenntnisse wird man in Brønnøysund jedenfalls nicht finden. Als wir ablegen kommen wir an einer kleinen Insel vorbei, auf der scheinbar nur Möwen und Schafe leben. Es blökt und mäht in allen Tonlagen, vom sonoren Bock bis zum quäkenden Lämmchen. Munter traben die Tiere auf ihrer Schafsinsel herum und führen ein Leben in Freiheit. Weglaufen können sie auf der Insel ja nicht...

Infokasten Brønnøysund

Die alten Seefahrer schätzten Brønnøy wegen ihren vielen Brunnen und Quellen und nannten sie „Brunneninsel". Ab dem 19. Jahrhundert begann mit dem Hurtigrutenhafen das Wachstum der Stadt.

So spektakulär der Berg mit dem Loch ist: viele andere touristische Attraktionen hat die Ortschaft Brønnøysund nicht zu bieten. Sie wird hauptsächlich wegen der Fracht-Mitnahme von den Postschiffen angelaufen. Als Hurtigrutenhafen hat das Städtchen eine wichtige Funktion für die sonst dünn besiedelte Region. Brønnøysund ist zudem ein wichtiger Basisort für die Versorgung der Ölplattformen draußen am Meer, auch eine Hubschrauberbasis befindet sich hier. Mit seinem Flughafen, einem Bahnhof und einigen Überlandbuslinien verfügt die Kleinstadt über eine sehr gute Verkehrsanbindung und stellt damit das Dienstleistung-Zentrum der Provinz Helgeland dar.

Übrigens: Brønnøysund ist das Flensburg Norwegens! Hier sammeln die norwegischen Verkehrssünder ihre „Punkte"...

Im zweiten Weltkrieg wurde die Befestigungsanlage **Skarsåsen** von der deutschen Besatzungsmacht und russischen Kriegsgefangenen errichtet. Die Stadt wurde wegen der vielen deutschen Soldaten während Kriegszeiten auch „Klein-Berlin" genannt. Da sie aber ca. 5 km außerhalb des Ortes liegt, ist sie für Hurtigrutenpassagiere nicht so interessant.
Die knapp 5000 Einwohner bezeichnen ihr Städtchen gerne als **„Küstenmittelpunkt Norwegens"**, da es in der geographi-

schen Mitte Norwegens liegt (840 km zum *Nordkapp* und ebenfalls 840 km zum *Kap Lindesnes* – dem südlichsten Punkt Norwegens). Da es in dem Städtchen nicht viel zu sehen gibt, können Sie einen Spaziergang entlang des Kais in südlicher Richtung machen und sich das Schild des Mittelpunktes der Küstenlinie ansehen. Böse Zungen behaupten jedoch es wäre nicht *„middle of Norway"* sondern *„middle of no way"*...

Andere Vermessungen verlegten den eigentlichen Mittelpunkt der Küstenlinie nach draußen in den Sund auf die Insel *Torra*. Sie sehen das rot-weiße Steintürmchen auf der kleinen Felseninsel gegen 15.10 Uhr an der Steuerbordseite.

Jetzt geht es ganz „hurtig", denn mit dem **Torghatten** lockt schon das nächste Fotomotiv. Der Berg zeigt sich bei kaltem aber schönem Wetter. Die MS Lofoten dreht extra bei, damit auch jeder das Loch im Berg perfekt knipsen kann.

Infokasten Torghatten und das Archipel von Vega

Rund um Brønnøysund erstreckt sich ein weitläufiger **Schärengarten** aus über 6000 kleinen Inseln => das **Archipel von Vega**.

Inmitten dieser Schären liegt 13 km süd-westlich von Brønnøysund ein geologisches Highlight der Hurtigruten-Reise: auf der Insel Torget liegt der sagenumwobene Berg Torghatten, der ein mysteriöses Loch in der Mitte aufweist.

Auf der nordgehenden Route kommen Sie an dem außergewöhnlichem Berg kurz vor Mitternacht (gegen 23.30 Uhr) vorbei.

Aus der Ferne erscheint das Loch recht winzig, doch es hat bei genauerer Betrachtung riesige Ausmaße: eine Breite von 160 m und eine Höhe von 35 m! Man kann auf einem Wanderweg in die Felswand hochsteigen und das tunnelähnliche Loch sogar durchwandern!
Wissenschaftler vermuten die Entstehung des Loches in der Schmelze eines Gletschers und der Anhebung des Erdreiches: einst lag der Berg in der Brandung des Meeres! Die Wasser- und Eismassen suchten sich einen Weg durch das weiche Gestein in der Mitte des Berges, während das harte Gestein darüber die Erosion weitgehend unbeschadet überstand. Die stürmische Meeresbrandung tat ihr übriges um das Loch entstehen zu lassen. Heute befindet sich das Loch in über 100 Meter Höhe.

<u>Um das eigenartige Loch rankt sich – wie so oft in Norwegen – eine schöne Sage:</u>

Der ungehorsame und eigensinnige Pferde-Prinz Hestmannen lebte einst mit seinem Vater - Troll-König Vågekallen - auf der Insel Svolvær. Auf der anderen Seite des Fjordes regierte jedoch der mächtige Troll-König Sulitjelmakongen, der sieben Töchter hatte. Um die wilden Töchter zu umgänglichen Ehefrauen zu erziehen, sandte der König sie zu der Jungfrau Lekamøya. Der schöne Prinz begehrte Lekamøya sehr. Hestmannen preschte auf seinem Pferd auf die 8 Frauen zu, die panisch die Flucht ergriffen. Eine wilde Verfolgungsjagd begann, aber da die sieben Schwestern den Prinzen zum Gemahl wollten, setzten sie sich bei der Ortschaft Alstahaug hin, um auf ihn zu warten. Der Prinz hatte jedoch nur Augen für seine schöne Angebetete Lekamøya. Die schöne Jungfrau war dem Prinzen jedoch sehr abgeneigt und setzte die Flucht fort. Da sie schneller als der enttäuschte Prinz war, schoss Hestmannen einen Pfeil auf Lekamøya ab. Dieser traf den Hut des Königs, der ihn absichtlich zum Schutz der Frau in die Flugbahn des Pfeiles warf. Zu spät bemerkten alle Beteiligten, dass die nur kurz verschwundene nordische Sonne wieder am Horizont erschien:=> der Hut (mit dem Loch) versteinerte und wurde zum Berg Torghatten! Die sieben Schwestern versteinerten ebenfalls und wurden die Bergkette „sieben Schwestern" („Sju Søstre") bei Sandnessjøen, und auch Lekamøya ereilt auf der Insel Leka dasselbe Schicksal!

Doch die tragische Geschichte des Torghatten wurde unlängst real: 1988 zerschellte aufgrund mangelnder Sicht ein Flugzeug an dem Felsen. Alle 36 Insassen kamen dabei ums Leben! Laut einem einheimischen Norweger kann man noch heute beim Wandern kleine Teile des Flugzeuges finden. Welche Tragik um dieses phänomenale Naturwunder! Auf der südlichen Route fährt die Hurtigrute sogar eine Schleife, damit die Passagiere einen perfekten Blick auf Berg und Loch genießen können! Auf der nordgehenden Route fährt man leider nachts an diesem einzigartigen Berg vorbei.

Da morgen bereits viele Passagiere die MS Lofoten verlassen oder Ausflüge gebucht haben, steht schon heute – am Tag 10 – das Captain's Dinner auf dem Programm. Der Reiseleiter *Morten Sagen* stellt dabei die Crew der Küche persönlich vor, vom (sehr jungen) Chefkoch bis hin zum Kellner. Zur Feier des Tages gibt es vor dem 5-Gänge-Menü ein Glas Sekt und als Hauptgang *Beef Wellington*. Die Kinder jubeln, als es eine Eistorte zum Nachtisch gibt!

Gerade rechtzeitig als wir in Rørvik einlaufen sind wir fertig – bei dieser "Sitzung" sind wir wirklich ausgesprochen lange gesessen. Da tut es uns gut, noch eine Stunde Bewegung in Rørvik zu bekommen. Wir hatten ursprünglich vor, das *Norveg-Centre* zu besuchen. Es soll ein wundervolles Museum direkt am Hafen sein. Es hat die Form eines Segelschiffes (entworfen von einen Star-Architekten) und fun-

giert gleichzeitig als Leuchtturm. Das Museum beschäftigt sich mit dem (früheren) Leben auf den Lofoten. Für so ein spannendes Thema in so einem Komplex bräuchte man bestimmt 2 - 3 Stunden um alles in Ruhe ansehen zu können. Da wir insgesamt nur eine knappe Stunde Liegezeit haben, verwerfen wir den Plan. Abzüglich Wege und Kartenkauf würden für das Museum maximal 35 Minuten bleiben – und auf ein weiteres Museum im Schnelldurchlauf haben wir wirklich keine Lust.

Dann lieber einen Bummel im Hafen – oder der MS Richard With einen Besuch abstatten. Das große Postschiff legt erst nach uns an – natürlich mit einer automatischen eigenen Gangway! Die brauchen keinen Hafen-Gabelstapler, der die Metall-Gangway andockt!
Wir lassen uns wieder kostenlos eine Besucherkarte geben und fahren mit dem Aufzug auf Deck 4. Wie gewohnt findet man hier das Restaurant, den Shop und ein paar Lounges. Auf Deck 7 warten das Außendeck und der Panoramasalon. Sehr deutlich merkt man, dass die "großen" Postschiffe alle nach dem gleichen Schema aufgebaut

sind. Die Inneneinrichtung und der Name von Restaurant/Bar/Lounge variiert von Schiff zu Schiff – aber aufgebaut sind sie alle gleich.

Ich bin froh, für diese Seereise auf unserer MS Lofoten zu sein. Klein. Alt. Aber mit Charme! Unwiderstehlichem Charme. Außerdem hat die Reise so nur die Hälfte gekostet...

Noch in diese Gedanken vertieft, ertönt die Durchsage *"MS Richard With ist ready for departure"*. Und wir stehen in der Panorama-Lounge im siebten Stock! Adrenalin schießt durch unsere Adern!! Die *Richard With* hat doch erst nach uns angelegt. Fährt sie schon vor uns wieder ab??? Wie war das bei uns auf der nordgehenden Route? Der Aufzug dauert zu lang, also wieder raus und die Treppen runtergerannt. *Achtet die Crew darauf, wie viele Besucherkarten ausgegeben wurden??* Im fünften Stock treffen wir eine Frau, die ebenfalls zum Ausgang jagt. Niemand hatte den Gästen gesagt, dass die "MS Richard With" FRÜHER ablegt, als die "MS Lofoten". Die Gangway ist gerade noch ausgefahren, als wir dem Personal die Besucherkarten in die Hand drücken und "bye" rufen. Sicher werden wir diese Reise zu einem anderen Zeitpunkt nochmal machen – aber nicht gerade auf der "Richard With" mit Besucherkarten auf der falschen Route! Prompt wird die moderne automatische Gangway eingefahren und das große Hurtigrutenschiff legt ab.

Lachend gehen wir am Kai entlang zu unserer "alten Lady". Der Reiseleiter macht uns noch auf eine Statue im Hafenbecken aufmerksam, die uns sonst bestimmt entgangen wäre. Grinsend sehen uns zwei Crewmitglieder an, sie waren ebenfalls "zu Besuch" auf dem anderen Schiff gewesen und haben wohl unsere etwas überstürzte *"disembarkation"* mitbekommen. Als der Schreck erstmal verdaut ist, können wir drüber lachen.

Infokasten Rørvik

Nachdem Ihr Schiff durch den **Nærøysund,** dem „Tor zum Nordland", gefahren ist kommen Sie in einen einzigartigen Schärengarten aus 6000 winzigen Inselchen. Das kleine Städtchen Rørvik liegt inmitten dieser traumhaften Schären und ist Ihr nächstes Ziel. Bereits seit 1893 wird Rørvik von Hurtigruten-Schiffen angefahren. Damals bestand der Ort gerade mal aus 4 Häusern und die Waren und

Passagiere mussten mit kleinen Booten an Land gebracht werden. Durch die Hurtigrute erfuhr der Küstenort jedoch ein immenses Wachstum, heute ist Rørvik der größte Ort auf der Insel Vikna und zählt 3.700 Einwohner.
Geprägt ist der kleine Ort traditionell von Fischzucht, Fischfang und der zugehörigen fischverarbeitenden Industrie.
Sie können einen Spaziergang durch den kleinen Ort machen und wunderschöne alte Gebäude aus dem 19. Und 20.Jhd bewundern, darunter auch eine sehr schöne *weiße Holzkirche*.
Im Hafenbereich steht zudem die Statue Die Ehefrau des Seemannes.

Wenn Ihr Schiff in Rørvik anlegt, wartet ein Mitarbeiter des Museums

Norveg Centre bereits auf Sie, und lädt Sie zu einem Besuch ein. Es liegt direkt am Meer in unmittelbarer Nähe zum Hurtigrutenanleger.

Das 1700 qm große *Norveg-Centre* wartet mit einer top-modernen ausgefallenen Architektur auf, die man so in diesem kleinen Ort in Norwegen bestimmt nicht erwartet hätte. Es wurde von dem Architekt *Gudmundur Jonsson* entworfen und stellt eine Interpretation vom früheren Küstenleben dar: *drei große Segel die an einem Schiffmast lehnen*. 2006 wurde das Museum zum „*European Museum of the Year*" gekührt.
Durch die Lichtspiele fungiert es zusätzlich als „moderner Leuchtturm". Die Baukosten des Museums beliefen sich auf 60 Mill NOK, die sowohl aus öffentlichen als auch aus privaten Geldern aufgebracht wurden. Das *Norveg centre* wurde im Juni 2004 von König Harald eingeweiht.

Das Museum nimmt Sie mit auf eine Reise über die norwegische Küste in den vergangenen Jahrhunderten. Es wird *eine Führung per*

Kopfhörer in fast allen Sprachen geboten, zudem bringen Sie viele audio-, digitale und interaktive Präsentationen anschaulich dem Leben und Arbeiten an der Küste in vergangenen 10 000 Jahre näher!

An das Museum ist auch ein kleiner Shop und ein Café angegliedert. Infos unter
www.norveg.org

Der Eintrittspreis beträgt 70 NOK, umgerechnet 8 €
Reguläre Öffnungszeiten sind vom 22.06.2013 bis 04.08.2013 Mo - So von 10:00 - 17:00 Uhr, zusätzlich ganzjährig 20.00 - 21.30 während der Hurtigrutenliegezeit.

Heute ist die erste Nacht unserer Reise, in der wir keinen Hafen anlaufen. Erst morgen früh um 6.30 Uhr werden wir in Trondheim anlegen. Je weiter man nach Süden kommt, desto weniger Rucksacktouristen und Norweger fahren mit. Im Norden oben, ja da war das ganz anders... Doch im Moment fährt fast gar keiner mit – zumindest der rote und blaue Salon sind wie leergefegt. Und wenn, dann relaxen hier "Langzeitreisende".

Wir setzen uns in den roten Salon und genießen die Hafenausfahrt – auf dem *richtigen* Schiff!
Doch schon bald ist es vorbei mit lustig: wir fahren in die **offene Seestrecke Folda** ein. Das Wetter hat sich verschlechtert, der Wind pfeift und die Wellen werden immer höher und höher. Die Lofoten stampft merklich! Ich genieße das ständige Schaukeln des Schiffes und surfe noch im Internet. Die Kinder sind schon lange unter Deck, und als ich schließlich bemerke, dass ich die einzige im Salon bin, gehe auch ich. Es ist zwar erst 23 Uhr und sonst ist hier immer noch mächtig was los – schließlich sind hier die besten Plätze im "Warmen" – doch heute haben sich alle verkrümelt. Ich mache mich auf den Weg nach unten, aber das ist gar nicht so einfach, denn das Schiff schwankt enorm! Nur gut, dass das Treppenhaus der MS Lofoten so schmal ist, da kann man sich mit den Händen am Messinggeländer festhalten und sich nach unten durchkämpfen. Ein Wunder, dass sich niemand der älteren Herrschaften die Beine bricht! Aber bis auf 2 junge Kerle von der Crew ist sowieso niemand mehr unterwegs. Und die sind starken Seegang ja gewohnt. In der Kabine an-

gekommen schlägt die Seekrankheit doch noch zu. Ausgerechnet heute hatte ich keine Tablette genommen und muss nun dafür büßen. Die Kinder bekommen das mit und unterhalten sich dann noch eine Weile darüber, bei was IHNEN übel wird. Sie kommen zu der abschließenden Meinung, dass es *Schimmelkäse* wäre. Den, den es zum Abendessen als vierten Gang auf der Käseplatte gab...

Tag 11: Trondheim, Kristiansund, Molde

Als wir nach der durchschaukelten Nacht aufwachen, liegen wir friedlich im Hafen von Trondheim. Wir möchten nochmal in den alten Stadtteil **Bakklandet**, in dem noch richtig schöne alte Holzhäuser aus dem 17. Jhdt. stehen.

Außerdem befindet sich hier der einzige Fahrradlift der Welt. Bei unserem ersten Besuch letzte Woche sind wir direkt davor gestanden, haben aber erst später erfahren, dass es so was überhaupt gibt. Die Trondheimer lieben nämlich das Fahrradfahren (es gibt überall in Trondheim Fahrradständer mit Leihrädern, die man über die Touristinfo ausleihen kann), aber den steilen Berg zur Festung raufstrampeln wollen die Norweger nicht. Um den beschwerlichen Berg auch für Radler zu erleichtern, hat die Stadt Trondheim den einzigen Fahrradlift der Welt gebaut: man drückt unten auf einen Knopf, stellt sich parallel zur Schiene und steigt dann mit dem rechten Fuß auf einen Fußständer und lässt sich auf dem Fahrrad sitzend hochziehen. Wir haben Glück und es kommt sogar ein Radler, der hoch möchte. So können wir den Lift morgens um 8 Uhr sogar in Aktion erleben.

Zurück in Hafenbereich entdecken wir noch eine Radfahrerbrücke zum Stadtteil **Nedre Elvehavn**, die elektronisch die Radler zählt. An diesem Morgen waren es schon 200! Entlang des Flusses **Nidelv** mit den alten Speicherhäusern kehren wir zum Hurtigrutenkai zurück. Neben uns liegt die "MS Nordnorge" am Kai. Wir holen uns

eine Besucherkarte, fragen nach der Abfahrtszeit des Schiffes(!!!) und schauen uns dann das vierte "fremde" Postschiff an. Wie immer dieselbe Aufteilung (wie auf allen großen Postschiffen), aber diesmal wollen wir hier am Buffet frühstücken. Das Angebot ist eigentlich dasselbe wie auf der "MS Lofoten", ausgenommen der typisch norwegischen "Fischküchlein". In Ålesund haben wir für eines (!) 14 NOK gezahlt – und es hat genauso geschmeckt...

Mit dem Magen voller Fischküchlein legen wir um 10 Uhr in strahlendem Sonnenschein in Trondheim ab und machen uns auf nach Kristiansund. Die Landschaft hier ist schon sehr *südnorwegisch*, weitläufige bewaldete Inseln mit vielen Häusern säumen unseren Seeweg. Schön – aber nicht so spektakulär wie die Lofoten oder Nord-Norwegen! Die Landschaft könnte genauso gut auch Süd-Schweden sein, so wie es man sich vorstellt.

Gemächlich tuckert die Hurtigrute vor sich hin und ich werde ein kleines bisschen müde, da wir ja in Trondheim etliche Kilometer gelaufen sind und die Nacht ja auch recht kurz war. Als ich gerade am eindösen bin, kommt eine Durchsage, dass man nochmals in 2 kleinen Gruppen **die Brücke besichtigen** kann. Ich bin überrascht, dass diese Aktion nochmals angeboten wird, da wir mit den Kinder ja schon vor Hammerfest den Käpt'n auf der Brücke besucht haben. Ich melde mich gleich an der *Resepsjon* an, und erwische gerade noch einen Platz in der zweiten Gruppe.

Nur 12 Leute dürfen gleichzeitig auf die Brücke, in meiner Gruppe sind sogar die Amerikaner aus Minnesota dabei, die wir kennengelernt haben. Der Käpt'n ist sehr guter Stimmung und erklärt alle elektronischen Geräte sehr ausführlich. Da die MS Lofoten nur ein Ruder und nur eine Schiffsschraube besitzt, kann sie nicht dauerhaft – wie größere Schiffe – mittels Autopiloten gesteuert werden. Gesteuert wird dieses Schiff noch komplett manuell, es gibt auch Schön- und Schlechtwetterkurse. Er erzählt, dass die norwegische

See viel rauer als früher ist, immer mehr Stürme schweren Ausmaßes treten auf. Auch die Gletscher auf Svalbard leiden unter der Klimaerwärmung: der Käpt'n – Generation 60*plus* – erinnert sich an Zeiten, als der Gletscher noch 900 Meter weiter Richtung Küste verlief...

Wir bekommen einen Einblick über die verschiedenen Navigationsinstrumente und Steuerelemente. Modernste Technik trifft auf eine Brückeneinrichtung original aus den 60ern. Letztendlich lässt Kapitän Tor Amundsen noch die Passagiere über den Sinn eines grauen,

fernglasähnlichen Gerätes aus den 60ern raten: die Antworten fallen breit gefächert aus und reichen von *Periskop* über *das Ding mit dem man die Tiefe bestimmt* bis hin zu *Nachtsichtgerät*. Der Käpt'n lacht lauthals: "What do you wanna see at night? Stars???" Dann löst er auf: es ist ein Brandschutzsystem für das Ladedeck. Es schlägt Alarm, wenn's dort raucht...

Der Kapitän plaudert noch lange mit einer amerikanischen Oma aus dem Nähkästchen: über Alaska, seine Zeit in den 80ern auf St.

Thomas in der Karibik und die italienischen Hafenarbeiter in New York. Oder als der Navigator bei einer Weltreise 6000 See-Karten dabei hatte und damit die halbe Brücke in Beschlag nahm! Bei der Berechnung der Gezeiten in der Themse hat er sich dann doch etwas vertan – kein Wunder: die Gezeiten und die entsprechende Liegezeit wurde 1 Jahr im Voraus berechnet! Ganz genau erläutert er auch das Ausbildungssystem auf der Hurtigrute und den Verfall der Ölpreise.

Sehr zufrieden ist der Kapitän Tor Amundsen mit der MS Lofoten, auch wenn er wie jeder andere Käpt'n auf die großen Hurtigrutenschiffe wechselt – oder wechseln muss, denn man merkt deutlich, dass er dieses Schiff sehr sehr mag. Er kennt die *„alte Lady"* genau, auch ihre Eigenheiten wenn sie mal wieder mit Hilfe von Seil oder Anker wenden oder ablegen muss. Gerade bei hohem Seegang vom Bug sei die MS Lofoten sehr gutmütig, wo größere Schiffe schon Schaden erleiden, die Fracht verrutscht und die Passagiere verängstigt sind!

Der Reiseleiter steht schon seit 10 Minuten draußen vor der Brückentür und wartet, zunehmend ungeduldig und gestresst. Schließlich öffnet er abrupt die Tür und ruft laut *Lunch*! Erleichtert strömen die hinteren Passagiere (die aus akustischen Gründen garantiert nichts von den Erläuterungen des Kapitäns mitbekommen haben können) nach draußen. Unsere Ecke um den Käpt'n findet es schade – und er wohl auch, denn er war in richtiger Erzähllaune!

Zwei Häfen stehen für heute noch an: Kristiansund und Molde. Beide Male werden wir nur eine kurze Liegezeit haben: machen wir das Beste daraus!

Kristiansund erwartet uns bei schönstem Sonnenschein und 17 Grad. Hochsommer in Norwegen! Kristiansund gilt als Hauptstadt des Klippfisches. Hier wird der Kabeljau nicht auf den üblichen Holzgestellen getrocknet (Dörrfisch) sondern eingesalzen auf den Steinklippen => so wird der Klippfisch hergestellt! Die MS Lofoten legt zumindest direkt im Zentrum an, so dass man einen Bummel entlang des Kais machen kann. Wenn man in südlicher Richtung geht, kommt man an einer schönen Hafenbucht entlang. Hier liegen kleine Fischerboote vor Anker und verkaufen den fangfrischen Fisch direkt von Bord weg. Für Norwegen günstig, denn gerade das Shrimps-Boot macht gute Geschäfte. Auf einem hübsch hergerichteten und üppig mit Blumen bepflanzten Platz steht die Statue der Klippfischfrau, die wir mit dem tiefblauen Hafenwasser im Hintergrund fotografieren. Sogar die Kanaldeckel ziert die berühmte Klippfischfrau! Mehr als ein paar Fotos gibt die Zeit auch nicht her, denn in 5 Minuten müssen alle schon wieder an Bord der Hurtigrute sein. Unser Fazit: die ruhige idyllische Stadt, die sich am gleichnamigen Kristiansund entlang erstreckt, ist bestimmt einen nochmaligen Besuch wert!

Infokasten Kristiansund

Verwechseln Sie das Städtchen nicht mit Kristiansand – der größten Stadt des Sørlandet (das „Südland" an der Skagerrakküste).

Kristiansund wurde auf drei Inseln im gleichnamigen Kristiansund errichtet. In neuesten Ausgrabungen fanden sich Spuren von einer Besiedlung vor 10 000 Jahren in der Steinzeit. Die frühe Besiedlung ist auf die praktische und geschützte Lage des Naturhafens zurückzuführen, Kristiansund ist damit einer der ältesten Orte Norwegens!

Während des zweiten Weltkrieges erlitt Kristiansund große Schäden durch Bomber-Angriffe, so dass der Ort hauptsächlich aus Neubauten besteht. Dank der geldbringenden Erdölindustrie konnten sich die Einwohner Neubauten leisten.

Wie in den meisten Küstenstädten der Region leben die knapp 25 000 Einwohner von Fischfang, Schiffsbau und der Erdölindustrie. Im letzten Jahrhundert wurde auf den umliegenden Klippen vor allem Klippfisch hergestellt. Bei dieser Konservierungsmethode wird der Kabeljau (Dorsch) ausgenommen und entgrätet, jedoch am Rücken zusammengelassen. Nach dem Salzen (einer der ersten Methoden, Fische haltbar zu machen, war das Salzen) wurde der Fisch auf den Klippen getrocknet => daher auch der Name *Klippfisch*!

Kristiansund war früher der **größte Exporteur für Klippfisch**, vor allen in den Mittelmeerraum gingen große Teile der Produktion. Norweger zerteilen den Trockenfisch gerne in mundgerechte Stückchen und genießen ihn als kleinen Snack für zwischendurch. Er schmeckt nach der Trocknung nicht mehr salzig! Man kann den kompletten Fisch auch wässern und dann dünsten, oder als Eintopfeinlage verwenden.

Im Hafen kann man ein **Klippfischmuseum** besuchen: das *Nordmøre Museum* und das *Norsk Klippfiskmuseum*, das in einem alten Vorratsspeicher für Klippfische untergebracht ist.

In der Werft Mellemværftet werden alte Segelschiffe repariert – da die Werft mit dem Nordmøre-Museum zusammenarbeitet, können Besucher den Schiffsbauern bei der Arbeit zusehen. Noch heute werden hier junge Leute zu Bootsbauern und Schiffsschmieden ausgebildet.

Leider legt auch in diesem Hafen die Hurtigrute nur kurz an, so dass Sie kaum Gelegenheit haben werden, das Städtchen näher zu erkunden.

Auf der südgehenden Route haben Sie aber zumindest ausreichend Zeit, das Denkmal für Klippfischfrauen zu bestaunen. Die Klippfischproduktion war nämlich die Arbeit der Norwegerinnen! Die „*Klippfiskkjærringa*" finden Sie an der Fischtreppe im Hafen. Das von dem Bildhauer Tore Bjørn Skølsvik geschaffene Werk war 1992 ein Geschenk zum 250. Stadtgeburtstag!

Kurz nach Kristiansund überqueren wir die **offene Seestrecke Hustadvika**. Sie zeigt sich mit spiegelglattem Wasser und Sonne satt von ihrer besten Seite und die Lofoten stampft nur geringfügig. Trotzdem nehme ich heute sicherheitshalber eine Reisetablette. Die letzte *bewegte* Nacht hat dunkle Erinnerungen hinterlassen... dennoch wäre ich bereit, im WINTER nochmals die Reise auf diesem Schiff zu unternehmen. Das Nordlicht sehen... mit dem Hundeschlitten fahren... mit dem Snowmobil zum Nordkyn... am liebsten würde ich sofort aufbrechen!

Doch vorerst müssen wir Richtung Speisesaal aufbrechen – das letzte Dinner wartet auf uns. Trotz des schönen Wetters fängt die MS Lofoten während des Dinners an zu rollen. Auf unserer Fensterseite fällt das nicht so auf, doch auf der Backbordseite sehen wir rhythmisch Wasser, Berge und blanken Himmel vorbeiziehen. Das erste Besteck kullert durch die Gegend und die leeren Wasserflaschen bekommt man auch nicht mehr zum Stehen. Da hat es die Hustadvika doch ganz schön in sich! Jetzt wissen wir zumindest ansatzweise, warum auf der MS Lofoten alle Stühle und Tische angekettet sind ☺

Bald kommen wir an dem weltweit zweitgrößten Terminal für Flüssiggas vorbei – eine wirklich gigantische Anlage! Sie lagert und verteilt das gewonnene Gas aus dem 120 km vor der Küste gelegenem Öl- und Gasfeld *Ormen Lange*.

Der letzte Hafen für heute ist **Molde**. Einen kurzen Stopp haben wir ja schon auf der nordgehenden Route gehabt, aber jetzt haben wir eine knappe Stunde Zeit. Leider werden in der Fußgängerzone von Molde um 21 Uhr die Bürgersteige hochgeklappt – die vielen Bars und Kneipen mal ausgenommen. Aber das sind auch keine Ziele für Kinder. Wir bummeln also ins Zentrum zu Kirche und Rathaus und schlendern dann am Kai zurück. In einem kleinen Mix-Shop kaufen wir noch ein wunderschönes Norwegenpuzzle für unsere daheimgebliebenen Jüngsten und die beste Ananas-Limo (!), die wir je getrunken haben. Bei einem tollen Sonnenuntergang treffen wir auslaufend auf die nordgehende MS Trollfjord, mit der letztes Jahr eine gute Freundin unterwegs war. Wunderschön verschwindet die Sonne hinter den Bergen und zaubert ein fantastisches Farbenspiel auf den nordischen Himmel. Was für ein wundervoller letzter Abend!

Wie hatte unser Stammreisebüro uns gewarnt, als wir mit unserem Hurtigrutenvorhaben anklopften? *„Wissen Sie, auf was Sie sich da einlassen?? Die MS Lofoten?? Es wird ihnen nicht gefallen..."* Doch wir haben uns – Gott sei Dank – nicht beirren lassen, denn an DIESE Fahrt werden wir uns immer erinnern... und zwar im positiven Sinne!

Tag 12:

Ausschiffung in Bergen, Låtefossen, Haukeliseterfjell und die Tramperin!

Wir wollen die Ersten beim Frühstück sein, denn wir haben die Koffer noch nicht gepackt! Aber da es sowieso keinen Schrank zum Einräumen gab, beschränkt sich das Packen auf das Verstauen der gebrauchten Wäsche, die sich hinter der Tür bis zur Kabinendecke stapelt. Wir haben eine zusätzliche Tasche mit Souvenirs und noch eine riesige Tüte mit norwegischen Pfandflaschen. Die müssen wir in Bergen noch loswerden. 4 Leute brauchen eben ganz schön viel Wasser...

Wir laufen zur Frühstückszeit in **Florø** ein. Auch diese Anlegezeit ist wieder kurz und reicht gerade Mal für ein kurzes Vertreten der Beine im Hafen.

Infokasten Florø

Florø liegt auf der Insel Florelandet und ist die westlichste Stadt aller skaninavischen Länder. Florø wurde 1860 auf dem Grund der *Farm Flora* gegründet. Da die Stadt auf einer Insel liegt, wurde die Endung des Namens von *a* auf *ø* geändert (ø bedeutet Insel). In Florø ist das Boot mitunter das wichtigste Fortbewegungsmittel, denn der kleine Ort ist von hunderten Schären und Inseln umgeben.
Florø wurde bekannt wegen des „Silber des Meeres": dem Hering! Durch das reiche Heringsvorkommen in dem Schären-Archipel florierte der Fischfang, weshalb der Hering auch in Florøs Stadtwappen verewigt ist.
Wie man sich unschwer denken kann, ist der Haupterwerb der 10 000 Einwohner der Fischfang. Lange fungierte das Fischerdorf als Ladehafen, zusätzlich bringt heute eine große Werft viele Arbeitsplätze.
Weiterhin spielt die Lachszucht und die Fischfutterproduktion eine tragende Rolle.

Einen wirtschaftlichen Aufschwung erhielt die Stadt in den 60er Jahren als vor der norwegischen Küste Öl gefunden wurde und Offshore-Plattformen für Erdöl und Erdgas errichtet wurden. Seitdem dient Florø als Versorgungsstation für die Bohrinseln draußen auf dem Meer.

Da es in Florø keine lohnenswerten touristischen Ziele gibt, ist von Seiten der Hurtigrute kein Landgang vorgesehen. Man kann sich aber eventuell während der Ladearbeiten des Postschiffes im Hafenbereich die Beine vertreten

Das Wetter ist heute wieder sonnig und ich schicke die Kinder hinauf an Deck, um den berühmten Leuchtturm Stabben Fyr zu fotografieren, an dem wir kurz nach Florø vorbeikommen.

Infokasten Stabben Fyr

Stabben Fyr ist ein wunderschöner weißer Leuchtturm – ein Fahrrinnenfeuer vor der Insel *Florelandet*. Er stammt aus dem Jahre 1867 und deckt eine Reichweite von 25 km ab! Seit den 70er Jahren ist jedoch auch dieser Leuchtturm unbemannt, gilt aber als schützenswertes Bauwerk.

Wir suchen uns einen freien Platz in der blauen *Polarbear-Lounge* einem großen Tisch, an dem auch unserer ganzes Handgepäck Platz findet.

Dort schreiben wir die letzten Emails, solange wir noch Internet haben und ich schaue mir nochmal die neu erdachte Route nach Langesund an. Unter den zehn schönsten Wasserfällen Norwegens ist nämlich auch der Låtefossen aufgelistet. Und der liegt an der Süd-Route durch die Hardangervidda!

Am frühen Nachmittag kommen wir in die Randgebiete von **Bergen**. So oft haben wir diese Stadt schon bei Regen oder zumindest bedecktem Wetter erlebt, so sind wir jetzt begeistert über den Sonnenschein. Bergen ist eine unglaublich grüne Stadt, auf 7 Bergen verteilen sich großzügig die kleinen Häuser. Nur wenige Betonklötze verschandeln die Landschaft, die meisten Häuser sind Traumhäuser aus Holz umgeben von üppigem Grün. Eine außergewöhnlich sympathische Großstadt!

Auf der grünen Halbinsel **Nordnes**, auf der wir vor unserer Hurtigrutenreise so konfus herum gelaufen sind, herrscht heute reges Treiben. Rufe von Kindern, die vom Steg aus ins Wasser springen, schallen zur MS Lofoten herüber. Das Meer muss eisig kalt sein, doch eine bessere Gelegenheit zum Baden wird es bestimmt nicht mehr geben! Die norwegischen Kids sind es ja gewohnt. Gestern in Molde gab es „summer sale" mit Luftmatratzen... Uns gegenüber liegt der beliebte Badebereich *Nordnes sjøbad* – mitten in Bergen. Und bei diesem Traumwetter heute ist die Liegewiese gerammelt voller Norweger. Viele kleine Schiffe schippern über das Meer und die Cafés am Ufer sind bis auf den letzten Platz besetzt. Heute scheint es alle Bergener hinaus zu ziehen.

Wir gehen fast als letzte von Bord, da wir nicht ewig in der Schlange stehen wollen. Als wir am Rezeptionsdeck auschecken, schütteln Kapitän Tor Amundsen und die Restaurantchefin uns zum Abschied die Hand, sagen ein paar nette Worte und wünschen gute Reise. Noch nie ist auf einer unserer anderen Seereisen einem Käpt'n *DAS* eingefallen. Da war man froh, wenn man den Kapitän auf der Fahrt überhaupt mal gesehen hat!!

Schon bald bekommen wir die Hitze des Tages am eigenen Leib zu spüren: nämlich als wir unsere Koffer kilometerweit zum Auto

schleppen müssen! Inklusive der hohen Brücke zwischen dem *Puddefjord* und dem *Damsgårdsundet*. Völlig durchgeschwitzt kommen wir am Auto an. Es steht genauso da, wie wir es vor 12 Tagen zurückgelassen haben. Aber wenn das Fahrzeug in Italien oder Barcelona nicht geklaut wird, dann hatten wir in Bergen erst recht keine Bedenken.
Über große zweispurige Straßen quälen wir uns in der Rush Hour aus Bergen hinaus. So viel Stau hätten wir dieser Stadt gar nicht zugetraut! Dringend müssen wir für die nächsten 2 Tage einkaufen gehen, da wir ja nicht teuer ins Restaurant wollen. Jetzt ist wieder Brot, Käse und Wasser angesagt! Ein kleiner Kiwi-Markt liegt direkt an der Straße. Wir sind schockiert, als wir für einige Getränke, Obst, Brot, Kekse, Käse und Fisch sage und schreibe 130 € bezahlen. WOW, da hat sich die Vollpension auf der Hurtigrute echt gelohnt. Endlich sind wir aus Bergen draußen und fahren an einem idyllischen See entlang. Auch hier baden viele Kinder und genießen den schönen Tag. Da die MS Lofoten weder Pool noch Jacuzzi hat, bin ich nicht in meinen kühnsten Träumen darauf gekommen, nach Norwegen Badesachen einzupacken.

In Hatvik erfreuen wir uns des schönen Fjordes, bis auf einmal die Straße am Fähranleger endet! Dabei hatte das Navi extra die Order *ohne Maut*. Wir freuen uns trotzdem, denn die Fähre ist schon gut gefüllt, lässt uns aber noch rein. Kaum haben wir und noch 2 andere Autos geparkt, legt die MS Fosen auch schon ab. Geschwind klettern wir in den Salon hoch und genießen die Fahrt über den Fjord. Ein Angestellter in Warnweste geht mit einer altertümlichen Ticketmaschine durch die Reihen, und verkauft die Fährtickets. Zumindest ist er jedoch so modern, dass er Kreditkarte nimmt!

Nach der Fähre entbrennt ein Streit, welche DVDs angeschaut werden. Unser Sohn hat seine Lieblingsfilme jedoch nicht parat, sie sind im Koffer.
„Die gibt's erst bei der nächsten Pinkelpause", erkläre ich ihm.
Sofort antwortet mein Sohn: "Ich muss aufs Klo!!!! Ich war zwar erst vor 5 Minuten, aber..."

Als wir die Halbinsel überquert haben, müssen wir mit einer zweiten Fähre nach **Arnsnes** übersetzen. Diese Fähre ist aber nicht mehr

so luxuriös wie die MS Fosen und besteht mehr oder weniger aus
einer Plattform mit Heckklappe. Man bleibt auch während der Überfahrt im Wagen sitzen.
Der Fjord ist wunderschön, und trotz der Wärme liegt oben am Berg
noch Schnee.

Atemberaubender Geheimtipp: Furebergfossen mit Regenbogen!

Nach einem der vielen Tunnel kommen wir ans Tageslicht und die
Gischt eines gigantischen Wasserfalls schlägt uns entgegen. Es ist
mit Abstand der genialste Wasserfall, den wir je gesehen haben:
egal ob Voringsfossen, Laksfossen oder die Plitvicer Seen in Kroa-
tien! Dieser Wasserfall – mit eigenem Regenbogen bei Sonnenschein – ist ein einzigartiges Naturspektakel. Breit stürzen sich über
die komplette Felswand unglaubliche Wassermassen in den
Maurangerfjord. Für uns völlig unverständlich, ziehen alle anderen
Fahrzeuge daran vorbei, ohne auf den Fotoparkplatz einzubiegen.
Für die Norweger, die hier wohnen, ist dies Alltag, aber ALLE
Wohnmobile fahren genauso ignorant vorbei.
(Zuhause in Deutschland angekommen stürze ich mich ans Internet,
will unbedingt herausfinden, wie der beeindruckende Wasserfall nun
heißt. Wenig findet man überhaupt darüber. Zumindest finde ich
heraus, dass er am Maurangerfjord kurz vor dem Folgefonnatunnel

liegt, aber das wusste ich ja schon… Die meisten User, die ihn überhaupt erwähnen, schreiben nur einen kurzen Satz wie „wunderschöner unbekannter Wasserfall". Na toll! Auch Landkarten schweigen sich über das Thema aus. Nach langer Suche stoße ich auf das „Bilderrätsel" des Forums „Norwegenfreunde": mit dem Wasserfall als Rätselbild! Gespannt lese ich mich durch die Posts bis ich endlich auf die Auflösung stoße.

Tata! – der Wasserfall heißt **Furebergfossen***!*

Ist der Wasserfall DOCH benannt… Hier das Bilderrätsel: http://forum.norwegen-freunde.com/viewtopic.php?f=47&p=230679

Weiter geht es in ein wunderschönes Tal, umgeben von den gewaltigen Bergen des **Folgefonna Nationalparks**. Keine Serpentinenstraße kann Autos DA drüber bringen: ein knapp 12 km langer Tunnel erwartet uns und bringt uns unter dem Gebirgsmassiv des Folgefonna-Gletschers durch.

Wir reisen oft mit dem Auto zu Schiffsfahrten an, bisher immer nach Italien oder Spanien. Aber hier ist die An- und Abreise genauso aufregend wie der Urlaub selbst. Keine Autobahn — nur gewaltige wilde Natur!

Am Ende des Sorfjordes liegt **Odda,** ganz in den Schatten der umliegenden Gebirgsmassive gehüllt. Wir folgen der E13 weiter nach Røldal.

Kurz vor dem Låtefossen spricht uns an einem Parkplatz eine Tramperin an, die jetzt über das Fjell mit uns mitfährt. Auf der Rückbank wird es ziemlich eng, aber es geht gerade noch so (nachdem wir etliches in den Kofferraum verladen haben). Claudia kommt aus Polen und trampt durch Norwegen. Nur 7€ hat sie für ihren Flug von Polen nach Oslo bezahlt! Als Studentin ist das Geld knapp, und sie ist sehr dankbar, dass wir sie auf dem Rückweg nach Oslo so weit durch Norwegen mitnehmen.

Entlang des ganzen Tales von Odda zum Låtefossen windet sich ein weißgrüner wilder Gebirgsbach, in den später auch die Wassermassen des Wasserfalls stürzen. Der Zwillingswasserfall **Låtefossen** liegt direkt an der Straße RV 13 – fließt sogar unten durch – und zählt zu den größten und schönsten Norwegens. Das wissen auch andere Touristen, dementsprechend voll ist der Parkplatz. Trotzdem ist der Wasserfall wirklich beeindruckend und gischtet die Umgebung

mit seinem klaren, kalten Gebirgsbachwasser ein.

Das Navi lockt uns im weiteren Verlauf über einen scheinheiligen Gebirgspfad, der für Autos gesperrt ist. Erst vor dem geschlossenen Schlagbaum ist Schluss. Umkehren geht aber nicht, denn auf der schmalen Straße kann man nicht wenden! Nach gewagten Rückwärtsfahr- und Wendemanövern schaffen wir es tatsächlich wieder heil ins Tal. Erleichtert nehmen wir nun die richtige Straße hinauf aufs Fjell. Diesmal geht es südlich des **Hardangervidda-Nationalparks** vorbei.

Die Gegend wird wieder karg und rau, und die ersten Schneefelder lassen nicht lange auf sich warten. Oberhalb 1000 Meter halten wir an einem wunderschönen Gebirgssee, umgeben von einer monströsen Felswand mit diversen Wasserfällen. Ich mache dutzende Fotos während die Kinder sich eine

Schneeballschlacht liefern. Aber es ist eiskalt, und so windig, dass es uns fast die Autotür abreißt. Wir schalten die Klimaanlage aus und die Heizung an! In Bergen herrliches Badewetter – auf dem Haukelifjell eine Schneeballschlacht!

Wir kommen an die **Haukeliseter Fjellstue** des DNT, des norwegischen Wanderverbandes. Erst kürzlich habe ich das Buch eines erstaunlichen Mannes gelesen, der Norge på langs zu Fuß absolviert hat: von Kap Lindesnes, dem südlichsten Punkt Norwegens, bis zum Nordkapp in 4 Monaten. Über 3000 Kilometer.

Auch in dieser Hütte ist – laut meiner Erinnerungen an das Buch – der gute Mann witzigerweise eingekehrt. Wenn man hier Mitglied ist, bekommt man einen Zentralschlüssel und kann in jeder der Hütten günstig übernachten. Alleine in Südnorwegen gibt es über 480 Hütten.

Bewirtete Hütten sind grundsätzlich teurer, so wie die Haukeliseterhütte, die ein Zentrum für Wanderer dargestellt. Es gibt ein Buffet, einen Shop für Outdoorbedarf und luxuriöse Hütten für den ausgelaugten *Hiker*. Die Übernachtung würde als Nicht-Mitglied jedoch 1500 NOK Kronen kosten, deswegen entschließen wir uns nach Langesund weiterzufahren und unten im Tal zu zelten. Es ist zwar schon halb zehn, aber trotzdem ziemlich hell, also kein Problem noch weiterzufahren.

Kurz vor 23 Uhr finden wir endlich eine Picknickbank zum Essen (die auch nicht eiskalt ist wie oben am Haukeli-Fjell, sondern schön warm unten im Tal). Nicht mal die gefürchteten Mosquitos belästigen uns, als wir unsere Brote und Bäckersachen verdrücken. Es ist schon ziemlich dunkel und wir merken deutlich, dass Zeit und Ort der Mitternachtssonne vorbei sind.

Bei **Seljord** müssen wir nach Süden abbiegen, Claudia aber nach Osten weiter Richtung Oslo. Hier trennen sich unsere Wege und wir suchen für unsere Tramperin Claudia einen Zeltplatz. Sie kümmert es wenig, dass es Mitternacht und stockdunkel ist – *das geht schon*, meint sie. Entlang eines Sees finden wir dann ein kleines Plätzchen für sie und ihr Zelt. Danach fahren wir weiter nach Langesund. Im Morgengrauen stehen wir schon am Fähranleger.

Good bye Norge – wir kommen wieder! Im Mai 2016!!!

3. Siebzig Facts über Norwegen!

Wussten Sie schon, dass...

… ab Mai 2016 die **MS Spitsbergen** zur Hurtigrutenflotte gehören wird? Im Sommer 2016 werden spezielle Reisen entlang der norwegischen Küste angeboten: die Aufenthalte am Tag werden verlängert, dafür werden etliche Stopps in der Nacht weggelassen. Zudem werden zusätzliche Fjorde angelaufen und ein Expeditions- und Vortragsteam begleitet die Fahrt. Ab September 2016 übernimmt die *MS Spitsbergen* den Liniendienst der *MS Midnatsol.*

… Norwegen mit 1,8 Kindern die **dritthöchste Geburtenrate** in Europa hat? Dabei ist die Gleichstellung von Mann und Frau sehr weit vorangeschritten: es ist die Regel, dass beide Elternteile berufstätig sind.

… Norwegen **weltweit der größte Fischexporteur** ist? Sogar der Walfang ist noch erlaubt, wenn auch offiziell nur zu wissenschaftlichen Zwecken – der Verkauf des Fleisches und Fettes erfolgt jedoch fast ausschließlich im Inland.

… es zwei amtliche Sprachen gibt? **Bokmål** (Aussprache: bukmol) lehnt sich an das Dänische an, und **Nynorsk** ist eine Vermischung mehrerer norwegischer Dialekte. Die Kommune entscheidet, welche Sprache die Grundschüler lernen, auf weiterführenden Schulen müssen die Schüler beide beherrschen. Die Unterschiede sind jedoch nicht gravierend.

... 2007 die **MS Nordkapp** in der Antarktis auf Grund lief und fast havarierte? Die MS Nordnorge eilte zu Hilfe und nahm die Passagiere der MS Nordkapp auf. Sie hatte dann aber selbst – vollkommen überladen – gegen 10 Meter hohe Wellen zu kämpfen…
Die **MS Midnatsol** entging im Dezember 2003 bei Stadtlandet auch um Haaresbreite einem großen Unglück, nachdem bei einem Sturm beide Hauptmotoren ausgefallen waren und das Schiff auf die Küste zu trieb. Es gelang jedoch, die Maschinen wieder zu starten und glücklich in den Hafen von Florø zu gelangen.

Und auf der **MS Nordlys** brach am 15. September 2011 im Maschinenraum ein Feuer aus. Alle Passagiere wurden im Hafen von Ålesund evakuiert, doch zwei Besatzungsmitglieder kamen bei den Löscharbeiten ums Leben. Das Schiff bekam Schlagseite und drohte zu sinken, was dann aber doch durch den Einsatz von stabilisierenden Kränen verhindert werden konnte!

… wenn die Wellen von vorne kommen das Schiff „**stampft**" (es schaukelt hoch und nieder), während das Schiff bei seitlichen Wellen „**rollt**" (hin und her schaukelt)?

… **norwegische Gefängnisse** unter drastischen Platzmangel leiden? Das liegt nicht an der hohen Kriminalität, sondern an den maroden Gefängnissen (deren Renovierung sehr teuer wäre, nämlich 540 Mio. €) und den hohen Anforderungen. Norwegens Strafvollzug glänzt mit Therapien, Freigängen sowie musischen und künstlerischen Angeboten. Da dies nicht alle Gefängnisse leisten können, stehen über 1300 Namen auf der Warteliste … deshalb führt die norwegische Regierung **Verhandlungen mit Dänemark und Schweden über eine länderübergreifende „Gefangenenausleihe"** ☺
Norwegens Strafvollzug gilt als der großzügigste der Welt. Die therapeutische Betreuung der Kriminellen steht im Mittelpunkt. Die niedrigste Rückfallquote in Europa – unter 30 Prozent – gibt dem Konzept Recht.

… es seit 2006 ein Gesetz gibt, dass **jede Milchkuh ein Anrecht auf eine weiche Matratze** hat? Die nordischen Winter sind dunkel und lang, und die Matratze schont die Gelenke und Euter bei den langen Liegezeiten. Außerdem lieben die Kühe die Matratzen und beschmutzen sie nicht! Vorteil gegenüber dem alt hergebrachten Stroh: die Matratzen sind abspritzbar, falls doch ein Malheur passiert…
Positiver Effekt: die Milchleistung steigt um 10% und die Matratze hat sich nach kürzester Zeit amortisiert!

… es in Norwegen **mehr Handys als Menschen gibt**? Die 4,6 Millionen Einwohner Norwegens besitzen insgesamt 4,71 Millionen Handys! Viele Norweger besitzen nämlich 2 Mobiltelefone: ein berufliches und ein privates…

… man in Norwegen völlig frei herumlaufen kann – auch auf (nicht eingezäuntem) Privatgrund? Das verdanken die Norweger dem **Jedermannsrecht** (norwegisch allemannsrett). Vorteil: Sie können campen, wo immer Sie möchten… Sich einfach in fremde Gärten zu setzen ist dennoch nicht gerne gesehen. Gesetzliche Ausnahmen gibt es z.B. in bestimmten Teilen von Nationalparks.

… sich in Norwegen **alle duzen**? Egal ob Obdachloser oder Minister! Nur bei der Königsfamilie wird die Etikette gewahrt

… **Alkohol** in Norwegen **extrem teuer** ist? Mancher findige Alkoholliebhaber unternimmt deswegen eine Trink-Reise nach Dänemark, die meist sehr feucht-fröhlich endet. Außerdem brennt der Norweger seinen Schnaps gerne zuhause selbst (*Hjemmebrent*).

… **Doomsday Seed Vault** auf Spitzbergen eine unterirdische Samenbank für die Endzeit ist? Die bunkerähnliche Anlage befindet sich am Platåberget (dt. Plateauberg) in einer alten Kohlemine, die 9 Millionen US-Dollar Baukosten übernahm zum Großteil Norwegen. Geleitet wird das Projekt vom *Welttreuhandfonds für Kulturpflanzenvielfalt.*
Seit der Eröffnung 2008 wurden bereits **200 000 Pflanzensamen** aus der ganzen Welt tiefgefroren eingelagert, bis zu 4,5 Mio. Samenproben können in der Samenbank Platz finden. Unter diesen Bedingungen können die Samen ihre Keimfähigkeit über mehrere tausend Jahre erhalten.

… es eine Internetseite mit einer **Nordlicht-Vorhersage** gibt? Besuchen Sie **www.storm.no**

… auf der Hurtigrute – wie auch an vielen anderen Stellen in ganz Norwegen – **freies WLAN** zur Verfügung steht?

… Fjord so viel wie **Fahrwasser** heißt? Eine Wasserstraße inmitten zerklüfteter Felswände!

…**Steinhaufen** vor Trollen schützen sollen? Vielleicht haben Sie schon die kleinen aufgeschichteten Steinhäufchen bemerkt, die öfters am Wegesrand stehen. Ursprünglich sollten sie Wanderer und Reisende vor den norwegischen Trollen schützen oder Wege markieren, aber der zunehmende Tourismus veränderte diesen Brauch in ein *„ich-war-hier"*-Denkmal. Touristen finden eben Gefallen daran, neben die vorhandenen Steinmännchen ein eigenes Gebilde zu kreieren!

... **Bergen** im 13. Jahrhundert die **Hauptstadt und Königssitz** von Norwegen war? Noch heute zeugen die alten Kaufmannshäuser im Viertel *Bryggen* von der einflussreichen Zeit!

... durch den **Golfstrom** an den Fjorden oft ein derart mildes Klima herrscht, so dass auch **Anbau von Obst und Blumen** möglich ist? Schon die Mönche im Mittelalter wussten das zu schätzen.

... Norweger die **fleißigsten Zeitungskäufer** und -leser sind?

... Norweger normalerweise glücklich und humorvoll sind? Aber 1997 hatten die Einwohnern von *Hasvik* die Nase voll: nach schweren Stürmen und einem harten Winter **demonstrierten hundert Einwohner gegen die Dauerkälte und Dunkelheit und forderten eine größere Sonne** – oder noch besser: zwei!

... der Schnaps **Linie Aquavit** zweimal den Äquator passiert, bevor er abgefüllt und verkauft wird? 1850 reiste ein Fass Kümmelschnaps auf dem Schoner Gymer nach Australien – und ungeöffnet wieder zurück nach Trondheim. Durch die lange Reise war aus ungeklärten Gründen ein exquisiter wohlschmeckender Schnaps entstanden. Noch heute schicken die Brennereien den Kümmelschnaps in Eichenfässern 19 Wochen lang Richtung Australien auf Reisen! Zur Transparenz des Kunden: Am Etikett auf der Rückseite der Flasche sind Name des Schiffes und die Reisezeit aufgedruckt!

... **Njörd** (auch Njörðr) der **Gott aller nordischen Meere und der Seefahrt** ist? Als Schutzgott der Fischer und Seefahrer sorgt er für eine ruhige See und schönes Wetter. Er liebt Schwäne und Robben, und erscheint als freundlicher Gott in einer grünen Tunika. Sein Gegenspieler ist der jähzornige Meeresgott Aegir

... die Mannschaft der Hurtigrute auf jeder nordgehenden Reise eine **Rettungsübung** durchführt? Manchmal wird die Übung sogar mit einer Hubschrauberlandung oder dem Wassern eines Beibootes „aufgepeppt".

... in der **Risoyrinne** zwischen Bootskiel und Meeresboden **nur 3 Meter** freier Raum sind?

... zwischen den Wänden des **Trollfjords** und dem Schiff nur 30 - 40 Meter liegen?

... eine **Seemeile** 1852 Meter ist? Ein Knoten ist übrigens 1 Seemeile pro Stunde.

... jedes Hurtigrutenschiff **Positionslichter** hat? Steuerbord (rechts) ist es rot, backbord (links) ist es grün und achtern (hinten) strahlt ein weißes Licht.

... das Alarmsignal aus 7 kurzen und einem langen Ton besteht?

... wenn ein **nordwärtsgehendes Schiff** in einen Hafen einläuft, es dann die Signale lang-kurz-lang mit dem Schiffshorn ertönen lässt? Das **südwärts gehende Schiff** hat das Signal lang-lang-kurz-lang.

... zwei kurze Stoßtöne mit dem Schiffshorn bedeuten *"ich wechsle auf einen neuen Kurs nach backbord"*? Ein einzelner kurzer Ton bedeutet "Steuerbord".

... die **maximale Geschwindigkeit** bei Hurtigrutenschiffen 19 Knoten ist?

... ein Hurtigrutenschiff einen **Autopilot** hat? Wegen dem Funkverkehr und für Notfälle ist natürlich trotzdem eine ständige Anwesenheit von Offizieren auf der Brücke erforderlich.

... Leuchttürme eine **Radar-Antwortbake** haben (engl. Racon), durch die die Position des Leuchtturms auf dem Radar angezeigt wird? Alle größeren Schiffe ab 300 BRZ besitzen seit 2006 das **Funksystem AIS**, bei dem zusätzlich Schiffsdaten, Art der Fracht und die Route übermittelt werden.

... die MS Lofoten 370 Liter **Diesel** / Stunde braucht? Die Lofoten fährt übrigens nicht mit dem sonst oft verwendeten Schweröl!

... die **Wellenlänge** die Distanz ist, die zwischen zwei **Wellenkämmen** gemessen wird? Die Wellenhöhe ist die vertikale Distanz vom Wellental zum Wellengipfel.

... der Tiefgang eines Hurtigrutenschiffes ungefähr 5 Meter beträgt?

... auf einer Seekarte die Schiffroute mit einem Pfeil mit einem roten Kreis links und einem grünen Kreis rechts markiert wird?

... wenn sich zwei Gegensegler treffen, sie beide jeweils nach backbord ausweichen müssen?

... **kein** Hurtigrutenschiff einen **Lotsen** verwendet?

... ein **Echolot** die Distanz vom Meeresboden zum Bootskiel misst?

... das erste Hurtigrutenschiff **DS Vesterålen** hieß?

... der **höchste Berg Nordnorwegens** der **Okstinden** ist?

... der **Svartisengletscher** mehr als **6000 Jahre alt** ist? Er kann mit einem Hurtigrutenausflug besucht werden! Der **größte Gletscher** Norwegens ist übrigens der **Jostedalsbreen**.

... es an der Helgelandküste 12 000 - 15 000 **Schären** gibt?

... im März der **Kabeljaufang** auf den Lofoten stattfindet?

... 1222 Norwegens **letzte Vikingerfahrt** nach Bjarmland (Nordrussland) stattfand?

... die **nördlichste Brauerei der Welt** (in Tromsø) ein Bier namens "Mackol" braut?

... "**Aurea borealis**" Nordlicht bedeutet?

... man in den Ackerbaugebieten im Westen von Kvaefjord **Erdbeeren** anbaut?

... "**molje**" ein Dorschgericht mit Leber und Rogen ist?

... **Tromsø** für eine sehr kurze Zeit im Jahre 1940 in Verbindung mit dem **zweiten Weltkrieg die Hauptstadt Norwegens** war?

... 1944 das deutsche Schlachtschiff "**Tirpitz**" vor der Insel Tromso-ya **gesunken** ist?

... die Tour *Bergen-Kirkenes-Bergen* 2500 Seemeilen beträgt?

... Kristiansund Versorgungsbasis für die **Bohrinseln der Asgard-, Heidrun-, Njard- und Draugen-Ölfelder** auf dem Kontinentalsockel **Haltenbanken** ist?

... man an der Fertigstellung der **Trollstigen-Straße** 20 Jahre lang gebaut hat?

... die Vikinger von ihren Seezügen nach England und Schottlang gerne Frauen mit nach Hause brachten?

... **Selbe-Rosen** das bekannteste Strickmuster Norwegens ist?

... die Norweger die frische Luft lieben und wann immer es geht zum wandern oder langlaufen ins Fjell oder in die Berge gehen?

... die **Gemeinde Ulstein** die meisten **Hurtigrutenschiffe gebaut** hat?

... **Bacalao** ein südländisches Gericht aus nordischem Stockfisch ist?

... der Handel zwischen Lappländern der Küstenregionen und den Russen **Pomorhandel** heißt? Er fand in einer Mischsprache statt, die alle verstehen konnten.

... Kirkenes zwischen **zwei Zeitzonen** befindet? Nämlich zwischen *Helsinki* und *Moskau*!

... Lappländer in ihren Winterschuhen anstatt Socken getrocknete und geklopfte **Sennesblätter** verwendet hatten?

... die Sonne in der alpenländischen Mythologie eine herausragende Bedeutung hat?

... man in dem **Fluss Anarjohka** auf der Finnmarksvidda noch heute **nach Gold sucht**?

... die **lappländische Sprache** zu den finnisch-ungarischen Sprachen gehört?

... der **Sognefjord** der längste Fjord der Welt ist? Mit 1300 Metern ist er zugleich auch der tiefste Fjord der Welt! Er endet am Fuße des Jotunheimen-Gebirges.

... **Nidaros** (Trondheim) die **erste Hauptstadt Norwegens** war, nachdem es im Jahre 872 zu einem Reich zusammengeschlossen wurde?

... die **Kapitäne und die Crew** in bestimmten Intervallen **auf ein anderes Hurtigrutenschiff wechseln**? Familienfreundlich sind auch die wichtigsten Feiertage geregelt: Jeder Kapitän darf jedes zweite Weihnachten und Silvester Zuhause sein.

4. Die Postschiffe –
einmalig auf der Welt!

Kein Schiff der Hurtigruten-Flotte gleicht dem anderen. Die Vielfalt reicht von den traditionellen Postschiffen bis hin zu modernen kreuzfahrtschiffähnlichen „Riesen". Doch eines haben alle Schiffe gemein: sie sind KEINE schwimmenden Hotelburgen! Jedes Schiff legt besonderen Wert auf die Erholung in der wunderbaren Natur Norwegens. Ohne großes „Balla-Balla", Animation und Luxus verdient sich die Postschiffroute zu Recht den Titel „schönste Seereise der Welt". Denn das ist sie wirklich, die Hurtigrute: eine richtige *Seereise*, kein schwimmendes Hotel für Touristenmassen. Und ihrem ursprünglichen Zweck ist sie bis heute treu geblieben: den Transport von Waren und ein beliebtes öffentliches Verkehrsmittel für Norweger um von einem Hafen zum andern zu kommen… Die Norweger nennen die 2300 Kilometer lange Schifflinie von Bergen bis Kirkenes gerne die Reichsstr. 1!

<u>Übrigens</u>: Die Anzahl der zulässigen Passagiere beinhaltet auch die Tagesgäste, die ohne Übernachtung zu einem anderen Hafen mitreisen. Die Bettenzahl ist deshalb bei den Postschiffen erheblich geringer, als die Anzahl der angegebenen Passagiere!

Die Hurtigrute wird britisch!

2008 stand die Hurtigrute kurz vor dem Konkurs, konnte dann aber noch gerettet werden.
Der Hauptaktionär *Trygve Hegnar* besaß seit 2012 rund ein Drittel aller Hurtigruten-Aktien – zusammen mit seinen Verwandten verfügte er über insgesamt über 50% der Anteile.
2014 kaufte die britische „**Silk Bidco AS**" 90 % der Hurtigrutenaktien für sage und schreibe 3 Milliarden NOK (ca. 375 Mio. Euro), Trygve Hegnar und Petter Stordalen verbleiben je 5 %.

Der Güter- und Passagiertransport soll in seiner jetzigen Form allen 34 Häfen bestehen bleiben, der Markenname *Hurtigrute* noch viel stärker ausgebaut und zusammen mit dem Tourismus in Norwegen gefördert werden.

Die wichtigste Regel auf allen Hurtigrutenschiffen für Sie als Passagier:

Wenn das Schiffshorn das **erste Mal tutet**, gehen Sie bitte spätestens jetzt schleunigst zum Schiff zurück.
Beim **zweiten Tuten** sollten Sie dringend einchecken.
Wenn Sie beim **dritten Tuten** noch nicht an Bord sind, warten Sie 24h auf das nächste Hurtigrutenschiff ☺

Exemplarisch für die modernen Schiffe möchte ich die MS Finnmarken vorstellen, denn der Aufbau aller Schiffe ist im Prinzip ähnlich. Selbst das Restaurant, der Shop und auch die Bars/Lounges sind immer an denselben Orten und führen lediglich andere Namen.

Die MS Finnmarken

Baujahr: 2002

Länge: 138 m

Passagiere: 1000

Betten: 628

Autos: 35

Klasse: Millenium (neu)

Die *MS Finnmarken* wur-
de in der norwegischen *Kleven Verft A/S* in *Ulsteinvik* für 100 Millionen Euro, gebaut. Ihr Heimathafen ist Narvik.

Ihren Namen erhielt die MS Finnmarken von dem größten Regierungsbezirk ganz im Norden Norwegens: der Finnmark – Heimat der Samen an der Grenze zu Russland. Die *erste* „Finnmarken" befuhr übrigens ab 1895 die Gewässer vor der Küste Norwegens – die *aktuelle* MS Finnmarken ist bereits das dritte Schiff mit diesem Namen! Die *zweite* Finnmarken kann im Hurtigrutenmuseum in Stokmarknes besichtigt werden!

Die *MS Finnmarken* hat so einiges an Überraschungen zu bieten: sie verfügt sowohl über eine eigene Stromerzeugung und Wasseraufbereitung (Osmose Filteranlagen) als auch über eine Müllentsorgung. Sie kann – im Gegensatz zu den älteren Hurtigrutenschiffen – völlig autark betrieben werden.
Außerdem kann das Autodeck innerhalb kürzester Zeit in ein Krankenhaus mit 200 Betten, Intensivstation und 4 Operationssälen umfunktioniert werden: damit könnte die Finnmarken als Lazarettschiff für Katastrophenfälle in Norwegen eingesetzt werden!

Allerdings war die *MS Finnmarken* nicht lückenlos ein Hurtigrutenschiff: 2009 wurde die *MS Finnmarken* in der Werft komplett weiß gestrichen und mit Klimaanlagen ausgestattet. Die Betreiber einer Ölplattform bei Barrow Island (Australien) charterten die *MS Finnmarken* als Hotelschiff für ihre Off-shore-Arbeiter. Die *MS Finnmarken* war wegen der autarken Wasseraufbereitung und Stromerzeugung dafür bestens geeignet. Leider stellte sich die Vercharterung der *MS Finnmarken* letzten Endes nicht als so gewinnbringend heraus, wie es sich Reederei erwartet hatte: der Bilanzverlust betrug 99 Millionen NOK…
2012 nahm das Schiff den Liniendienst in der Hurtigrute wieder auf und löste damit die *MS Nordstjernen* ab.

In der Video-Dokumentation **„Trolle, Fjorde und ein Postschiff"** kann man die MS Finnmarken auf ihrer Fahrt von Bergen bis Kirkenes am heimischen TV begleiten.

Die Innenarchitektur im wunderschönen *Art-nouveau-Stil* mit viel Messing und Holz wurde von Arne Johansen entworfen.
Deck 2 bietet Stellplätze für 35 PKWs, zudem finden Sie hier einige Kabinen. Bis zu 83 Crewmitglieder (in der Hauptsaison) kümmern

sich um die Nautik des Schiffes und das Wohlergehen der Gäste. Die Crew bewohnt die Kabinen hier auf Deck 2.

Die Rezeption und die Gangway finden Sie neben diversen weiteren Kabinen auf *Deck 3*. Ein Stockwerk höher auf *Deck 4* befindet sich das Hauptrestaurant „Finnmarken" und diverse Cafes und Salons. Auch ein kleiner „Hurtigruten-Shop" erwartet Sie hier. Der Bug ist einigen Konferenzräumen vorbehalten.

Auf Deck 5 und Deck 6 ist der Großteil der Passagierkabinen.

Im Heck auf Deck 7 wartet eine der Hauptattraktionen der Finnmarken auf Sie: ein beheizter Meerwasser-Swimmingpool und zwei Jacuzzis, umgeben von einem schönen Außendeck mit einem Café. An schlechteren Tagen können Sie im Café „Babettes" oder dem „Stiftstadenssalon" ruhige Stunden mit schöner Aussicht genießen. Oder Sie nutzen die Sauna und den Fitnessraum auf Deck 8!
<u>Übrigens:</u> die *MS Finnmarken* ist das einzige Schiff mit einem Swimmingpool an Deck!

Langweilig wird es Ihnen auf diesem schönen Schiff bestimmt nicht... Gehen Sie auf das Backdeck (back = vorne)! Auf der MS Finnmarken ist das vordere Deck bis zum Bug für Passagiere begehbar, was sonst sehr selten auf einem Schiff der Fall ist!
Auch eine Bibliothek, ein Frisör, ein Massagebereich, ein Solarium und ein Spielzimmer für die Kleinen finden Sie an Bord. Es besteht weiterhin die Möglichkeit, sich für Landausflüge Fahrräder auszuleihen. Oder Sie besichtigen – nach Voranmeldung – die Brücke der MS Finnmarken.
Auf finanziell gut situierte Gäste wartet die größte Anzahl an Suiten innerhalb der Hurtigrutenschiffe!
Bei der MS Finnmarken merkt man die Annäherung der Milleniumklasse an Kreuzfahrtniveau sehr deutlich.

5. Typisch Norwegisch!

Trolle

Für die Norweger wird die Welt in drei Teile aufgeteilt: die Menschen leben in **Midgard**, die Asen (ein nordisches Göttergeschlecht) in **Asengard** und die Trolle in **Utgard**.

Angeblich sind die Trolle die ungewaschenen Kinder Evas, die sich ihrer schämte und – um sie vor Gott zu verbergen – in den Wald schickte. Sie blieben bei den dort ansässigen Zwergen und wurden zu den Trollen.
Die norwegischen Trolle sind heute noch tief in der Sagen-, Roman-, Fantasy- und Computerspielewelt verankert.
Die echten Trolle bekommt man natürlich nicht zu Gesicht, ist man in Norwegen sowieso geteilter Meinung, wie die Trolle denn nun aussehen. Die Vorstellungen und Sichtungen reichen von fingergroß bis hin zu den Ausmaßen eines Berges! Sie leben im Meer, in den tiefsten Wäldern oder auch mal auf den höchsten alpinen Gipfeln. Die Legenden reichen von Versteinerungen bei Sonnenlicht über Geldgier bis hin zu der typischen Troll-Toilette: den Wasserfällen!

Doch ganz so scheu wie angenommen sind die geheimnisvollen Trolle dann doch nicht. Garantiert werden Sie welche zu Gesicht bekommen: im nächsten Souvenirladen! Sie können Trolle auf Postern, Pullovern, Lebensmittelprodukten oder auch auf Spielkarten sehen. Trolle sind aus Norwegen nämlich nicht wegzudenken und durchziehen den nordischen Alltag wie ein roter Faden!
Für Touristen haben sich geschnitzte Holztrolle mit einer langen Nase und einem Bauch durchgesetzt – das typische Mitbringsel aus Norwegen. *Diese Trolle* sind an jeder Ecke zu finden.

Hier eine kleine Einführung in die Welt der Trolle:

Nøkk: ein Wassertroll, der in Seen und Tümpeln zuhause ist. Er lauert ahnungslosen Fischern auf.

Draug: Er ist ein Meerestroll und der ärgste Feind der Seefahrer und Fischer auf dem nordischen Meeren und Fjorden. Er ist der Herr über zerstörerische Stürme, die er aufs Meer schickt.

Skogtroll: dieser Waldtroll hat das Aussehen eines Zyklopen. In seiner Freizeit erschlägt er harmlose Reisende, die nachts im Wald spazieren gehen mit einem ausgerissenen Baum!

Fossegrimmen: nicht jeder Troll ist gar fürchterlich... der Fossegrimmen ist sogar ein sehr umgänglicher Zeitgenosse. Er lebt unter den unzähligen Wasserfällen des Landes. Wenn man ihn mit einem Stück rohen Fleisch füttert, bringt er einem sogar das Geigenspielen bei!

Nisser: auch diese winzig kleinen Trolle sind nicht von der schrecklichen Sorte. – im Gegenzug für kleine Geschenke versorgen die *Nisser* sogar Haus und Hof! Nur geizige Menschen haben unter ihnen zu leiden: sie werden von den winzigen Trollen aufs ärgste gepiesakt – von kleinen Streichen bis hin zu einem brennenden Hof!

Norwegerpullover

Eine zweite Leidenschaft der Norweger – die wirklich jeder kennt – sind die Strickpullover. Ein Norwegerpullover mit dem traditionellen Muster ist bei Norwegern und auch Touristen gleichermaßen heiß begehrt. Weg vom Öko-Image ist der Norwegerpulli ein begehrtes modisches Mitbringsel geworden.

Ein **„echter Norweger"** hat seinen Preis! Dafür sind sie handgefertigt, robust und langlebig. Die exklusivste Marke ist „Dale", ein solcher Pulli kann mehrere tausend Kronen kosten! Ein qualitativ hochwertiger aber dennoch preisgünstiger Norwegerpullover kostet um die 400 – 600 Kronen. Achten Sie aber darauf, nicht ein asiatisches Plagiat zu erwischen! Rein optisch ist da oft kein Unterschied zu erkennen ☹

Mitternachtssonne –

wenn die Sonne niemals untergeht!

Natürlich ist die Mitternachtssonne nicht allein in Norwegen zu sehen, sondern ebenfalls in den nördlichen Regionen von Alaska, Kanada, Grönland, Island und Sibirien. Aber das Wort „Mitternachtssonne" ist untrennbar mit „Norwegen" verbunden. Deshalb wurde dieses Naturschauspiel unter *„typisch Norwegen"* mit aufgenommen.

Je weiter nördlich Sie kommen, desto länger dauert das Spektakel: in der Nordkapp-Region **76 Tage lang** von Mitte Mai bis Ende Juli! Zwar senkt sich die Sonne gegen Mitternacht Richtung Horizont ab und nimmt einen schummrig gelben Farbton an, doch sie verschwindet nicht, sondern wandert stattdessen für den neuen Tag erneut hoch ans Firmament. Dieses Phänomen wird durch die sonnenzugewandte Neigung der Erdachse während der Sommermonate verursacht. Für die Pflanzen- und Tierwelt bedeutet das einen enormen Energieschub – den sie aber vor der langen dunklen Polarnacht auch bitter nötig haben. Denn im Winter kehrt sich der Effekt um und die Sonne mag fast gar nicht mehr aufgehen. Doch auch im Winter ist die Hurtigrute eine ganz besondere Erfahrung: in der romantisch verschneiten Stille können Sie das Polarlicht erleben! Genannt wird das grünliche Lichtspektakel *„Aurora borealis“*. Ursache für die faszinierenden Lichter sind geladene Partikel der Sonne, die in das Magnetfeld der Erde katapultiert werden. Die größten Chancen, diese natürliche Lightshow zu erleben, ist in sternenklaren Nächten vom 21. September bis zum 21. März. Und zwar in den Regionen Lofoten / Nordkap / Tromsø. Meiden Sie Vollmondnächte und stark beleuchtete Orte – dann klappt´s vielleicht auch mit dem Polarlicht!

Essen in Norwegen

Natürlich ist Norwegen in erster Linie bekannt für den Fischfang und die damit verbundene Industrie.
Fisch bekommen Sie in allen Variationen auf ihrem Hurtigrutenschiff, gerade am Lachs wird nicht gespart. Gekocht, roh oder geräuchert oder als Salat – auf jedem Buffet stehen prall gefüllte riesige Silberplatten mit der in Deutschland so teuren Leckerei.
Gut vertreten ist auch der Hering, den es meist eingelegt als Salat in verschiedenen Variationen gibt: Hering in Senfsoße, Hering mit Cranberries, Hering in Tomate, Hering in Curry, Hering in…

Dörrfisch

Grundlage für Stockfisch und Klippfisch sind zum größten Teil Kabeljau (die Jungtiere heißen Dorsch => bedeutet *Dörr- oder Trockenfisch*), aber auch Seelachs, Leng oder Schellfisch kann verwendet werden. Vor der Konservierung wird der Fisch geköpft und ausgeweidet.

Grundsätzlich muss man unterscheiden zwischen Stockfisch und Klippfisch.

Der **Stockfisch** wird paarweise an den Schwanzflossen zusammengebunden und auf den typischen Holzgestellen getrocknet, die in jeder Siedlung entlang der Küste zu sehen sind. Oft werden auch Netze darüber gespannt, um hungrige Diebe in der Gestalt von Möwen oder anderen Vögeln abzuhalten. Die Trockendauer beträgt 2 - 3 Monate. Früher diente der Stockfisch der Ernährung von Seefahrern, Soldaten oder für die langen eisigen Winter. Bei sachgemäßer (d.h. kühler und trockener Lagerung) kann der Stockfisch viele Jahre aufbewahrt werden.

Heute ist der Stockfisch bei jedem beliebt – vor allem auch in den Mittelmeerländern, in die große Mengen exportiert werden! Allerdings geht der Kabeljaubestand kontinuierlich zurück, wodurch der Stockfisch das Image des „Arme-Leute-Essens" verloren hat und heute nicht mal so billig ist. So wie wir Chips essen, hat der Norweger seinen Dörrfisch als beliebten Snack. Da sich das Herumschleppen ganzer Fische als unpraktisch erwies, bekommt man den mundgerecht zerkleinerten Snack in kleinen Tütchen in jedem

Laden, aber auch auf Märkten kann man die beliebte Leckerei kaufen. Natürlich bieten verschiedene Firmen den Dörrfisch an, probieren Sie ihn unbedingt! Er schmeckt natürlich nach Fisch, aber anfangs eher dezent. Zudem ist er hart und man muss eine Weile darauf herumkauen, bis er weich wird und sein volles Aroma entfaltet. Also eine geniale Mischung aus Kaugummi/Kautabak und Nascherei... Zudem ist der gesunde Snack nicht mit Kohlehydraten vollgestopft, sondern mit wichtigen Omaga-3-Fettsäuren. Das ideale Mitbringsel für Freunde oder Familie!
Gewässert wird der Stockfisch als Grundlage für viele nordische Gerichte verwendet.

Der **Klippfisch** wird dagegen gesalzen auf Klippen getrocknet und danach in Salzfässern eingelagert. Das Salz macht hier den Fisch haltbar, beim Stockfisch ist es die Luft! Vor der Zubereitung muss der Klippfisch gründlich gewässert werden, der Stockfisch kann auch ungewässert als Snack gegessen werden.

Auch **Rentier und Elch** stellen im Fleischsegment ein außergewöhnliches Geschmackserlebnis dar. Auch auf den Hurtigrutenschiffen werden Sie verschiedene Gerichte mit Rentier serviert bekommen, z.B. Rentierpastete, Rentiereintopf, kalten Rentierbraten (immer am Buffet) oder auch mal als Gulasch.

Gerne essen Norweger auch **„Lomper"**, kleine Pfannkuchen, die man deftig oder süß bestreichen kann oder sich daraus eine Art Wrap wickelt.

Ebenfalls gerne gegessen werden in Norwegen auch die **Moltebeeren** (*Rubus chamaemorus*), die hauptsächlich in Nordnorwegen ab dem 54. Breitengrad wachsen. Da sie roh ein wenig bitter schmeckt, essen die Norweger sie am liebsten als Marmelade. Sie bekommen in jeden Supermarkt ein Glas davon, probieren Sie es aus! Aber wie gesagt, sie sind etwas gewöhnungsbedürftig.

Noch „spezieller" als die Moltebeeren ist der norwegische Käse **Gammelost/Gamalost**. Selbst die Norweger sind geteilter Meinung: entweder man liebt ihn – oder man hasst ihn. Eine Grauzone gibt es nicht! Übersetzt heißt Gammelost „alter Käse", tatsächlich handelt es sich um eine sehr alte Käsesorte, die aber auch eine sehr lange Reifezeit besitzt.

Gerade die Kombination aus Sauermilch und Schimmelkäse entwickelt das Aroma von alten Socken und lässt die Geschmacksnerven der Deutschen Saltos schlagen!

Trauen Sie sich – zumindest einmal! Aber nur wenige „Nicht-Norweger" schaffen es, den „Gamelost" lieben zu lernen. Oft schmeckt der spezielle Käse auch erst im zweiten Urlaub!

Erträglicher für die Geschmacksnerven ist der **Gudbrandsdalsost** (oder auch *Brunost*), ein Braunkäse mit leichter Karamellnote. Er besteht aus Ziegenmilch und Kuhmilch, und wird bei der Herstellung so lange aufgekocht, bis der Zucker der Milch karamellisiert. Den braunen Gudbrandsdalost gibt es übrigens beim Frühstücksbuffet der Hurtigrute auf der Käseplatte.

Eines haben wir auf unserer letzten Norwegenreise entdeckt, dass wohl fast jedem ausgesprochen gut schmeckt: Erdbeeren! Wenn man sich nämlich genau umschaut, findet man in Norwegen Produkte, die man niemals hier erwartet hätte. Oder haben Sie schon mal arktische Erdbeeren verzehrt, die in der Mitternachtssonne gereift sind? Wir auch nicht!!!

Hat Ihnen das Buch gefallen? Dann bewerten Sie uns bitte auf *amazon mit 5 Sternen ;-)*

Verbesserungsvorschläge oder auch Kritik wird ebenfalls gerne entgegengenommen. Besuchen Sie unsere facebook-Seite „**Estrella Maris**"!

Impressum

Estrella Maris / Achim Josef Feneis

Hauptstrasse 36

71686 Remseck

www.estrella-maris.de

© Achim Josef Feneis

Originalausgabe erschienen im September 2015

Auflage November 2017

Der Inhalt des Buches ist urheberrechtlich geschützt.

Alle Landkarten und Stadtpläne sind Eigentum von
www.openstreetmap.org

Markennamen und geschützte Warenzeichen sind Eigentum ihrer jeweiligen Inhaber. Die Nennung von Markennamen und geschützter Warenzeichen hat lediglich beschreibenden Charakter. Genannte Marken stehen in keinerlei Partnerschaft oder Kooperation zu dem Autor. Irrtümer vorbehalten.

Made in the USA
Monee, IL
07 July 2026

56550360R00089